KB089382

지금껏 나만 몰랐던

지금껏 나만 몰랐던

마케팅 기술

이혜진 지음

글로벌 톱 브랜드 마케터의
슬로 가는 마케팅 치트키

읽고싶은책

당신과 나는 다르지 않아요.
우리 모두 똑같이 일하고, 고민하는 마케터입니다.

마케터의 궁극적인 목표는 소비자에게 변화를 일으키는 거예요.
변화, 그게 참 맘처럼 쉽지가 않아요.

변화가 이토록 어렵다고 해서 쉽사리 포기할 생각도 없어요.
산을 넘고 또 넘는 것이 숙명이어도
마케터만의 희열을 누구보다 잘 아니까요.

비슷한 미래를 꿈꾸는 당신에게,
시행착오를 줄일 수 있는 꼭 필요한 이야기를 전해주고 싶어요.

프롤로그

'중매는 잘하면 술이 석 잔, 못하면 뺨이 석 대'라는 말이 있다. 그만큼 남녀의 만남을 주선하는 주선자의 역할이 매우 막중하다는 뜻이다. 나는 마케터와 소개팅 주선자가 비슷한 면이 꽤 많다고 생각한다. 언뜻 보면 아무 상관이 없는 것 같지만 일련의 소개팅 과정을 떠올려 보면 이해가 쉽다. 소개팅은 어느 정도 서로가 원하는 조건이 있다. 그래서 소개팅을 주선하기 전에 외모, 성격, 취향, 직업 등 다양한 조건들을 복합적으로 고려한다. 이를 바탕으로 주선자는 본인이 심사숙고해서 남녀의 이미지를 그려봤을 때 잘 어울릴 것 같은 사람들을 소개해준다. 여기서 주선자의 '남다른 안목'이 무엇보다 중요하다. 나는 짧은 시간 동안 사람을 외모로만 평가하는 소개팅 국룰이 내심 못마땅해서, '알고 보면 진국'이라는 걸 어필하기 위해 최선을 다한다. 그 사람의 됨됨이는 시간이 갈수록 본 모습을 드러내기

국민 룰, 보편적으로 통용되는 정해진 규칙.

지금껏 나만 몰랐던 마케팅 기술

때문이다. 하지만 외모가 뛰어난 사람에게 끌리는 건 인간의 본능 아니던가. 설득한다는 것 자체가 무용지물이 되기도 한다. 이러한 이유로 소개팅 주선자의 임무는 막중하다. 사람과 사람을 만나게 해서 '하나의 사랑'으로 이어주는 것은 결코 쉬운 일이 아니다.

마케터 또한 소비자에게 새로운 제품을 선보일 때, 제품의 디자인, 패키지 등 눈에 보이는 것뿐만 아니라, 그 속에 숨어 있는 브랜드의 진정한 가치 즉, '진정성'도 함께 알아봐 주길 기대한다. 소비자가 진정성을 느꼈을 때 비로소 소비자는 그 제품에 대해서 '충성도loyalty'를 나타내기 때문이다. 제품도 사람과 마찬가지로 진정성은 드러나는 겉모습을 바꾸고 치장한다고 해서 쉽게 얻어지는 게 아니다. 그렇기에 진정성을 소비자에게 전달하는 일은 쉽지 않다. 소비자로 하여금 '갖고 싶게 만드는' 브랜드와 제품이 되기 위해서는 오랜 시간 공을 들여 소통하고 경험하게 해야 한다.

사람들이 미처 생각하지 못하는 공통점이 하나 더 있다. 바로 '티키타카 커뮤니케이션'이다. 예를 들어, 소개팅 당일에 많은 양의 이야기를 주고받았다고 해서 연애로 발전하는 것은 아니다. 중요한 것은 대화의 양이 아니라 질 즉, 내용이기 때문이다. 함께 티키타카 수다를 떨고 나면 상대방에 대한 호감도가 상승한다. 덩달아 소개팅 성공 확률도 확연히 높아진다.

마케터도 자사의 제품을 소비자에게 빠르게 알리고 싶은 마음에 많

스페인어로 탁구공이 왔다 갔다 하는 모습을 뜻하는 말로, 짧은 패스를 빠르게 주고받는 축구 경기 전술을 말하기도 한다. 최근에는 사람들 사이에 합이 잘 맞아 빠르게 주고받는 대화를 의미한다.

은 양의 콘텐츠를 경쟁하듯 마구 쏟아낼 때가 있다. 고슴도치도 제 새끼는 예쁘다고 하지 않나. 부모 눈에는 자기 자식이 하는 일은 다 좋아 보이고, 귀엽게 생각된다. 마케터도 마찬가지이다. 마케터 눈에는 내 브랜드와 제품이 어느 누구보다 돋보이고 최고라고 생각한다. 여기서 한 가지 짚고 넘어갈 것이 있다. 마케터가 의사 결정 과정에서 흔히 범하기 쉬운 실수 중 하나가 소비자도 자신과 같은 생각을 하고 있다고 착각하는 것이다. 즉, 자신의 생각과 판단을 과도하게 일반화하여 소비자도 나와 다르지 않으리라 생각한다. 예컨대, "길 가는 사람 아무나 잡고 물어봐, 다른 사람들도 다 이렇게 생각할 거야."라는 식으로 자신의 의견이 옳다는 것을 다수의 선택을 근거로 말하는 것이다. 모두가 그렇게 생각할 것이라는 추측을 판단의 기준으로 삼아 의사 결정을 한 후, 소비자에게 일방적으로 브랜드 메시지를 전달한다고 상상해 보자. 소비자와의 진정한 소통은커녕, 제품에 대한 인지는 물론이고 마케팅의 성과조차 기대하기가 사실상 어렵다. 우리 속담에 '급할수록 돌아가라'는 말이 있다. 시간이 다소 걸리더라도 소비자와의 '티키타카 커뮤니케이션'을 통해 설득과 공감을 주거니 받거니 해야 한다. 소비자 커뮤니케이션의 기본은 설명을 위한 메시지였다면 소비자가 그것을 충분히 이해해야 하고, 설득을 위한 메시지였다면 소비자의 마음이 움직여야 한다.

이처럼 소비자의 머릿속에 브랜드 메시지와 가치를 강하게 인지하게 만들어, 브랜드에 대한 신뢰도와 충성도를 형성하고 유지하는 과정이 바로 '브랜딩'이다. 소비자는 특정 브랜드에 대해 편안함, 신뢰감 등의 감정을 갖게 하는 '긍정적인 브랜드 경험'을 거쳐, 브랜드에게 이미지와 가치를 부여하게 된다. 반대로 브랜드도 소비자에게 가치와 자부심을 준다. 여기서 한 가지 궁금한 점이 생긴다. 브랜딩이 중요하다는 것은 잘 알겠다. 그러면 어떻게 제대로 된 브랜드 관리를 할 수 있을까. 전문가마다 의견이 다르겠지만, 대개는 제대로 된 브랜드 관리를 하려면 단발성 혹은 1회성 광고를 하지 말라고 권한다. 대신에 장기적이고 관리 가능한 '브랜드 페르소나' 구축에 신경 써야 한다고 조언한다. 흔히 우리는 겉으로 드러난 페르소나를 통해 타인으로부터 평가를 받는다. 그리고 그 평가에 따라 사람들의 대우도 달라진다. 브랜드 페르소나 또한 위와 같은 맥락에서 이해할 수 있다. 소비자는 브랜드의 진정한 성격을 명확히 알기 어려우므로, 겉으로 드러난 브랜드 페르소나를 통해 브랜드 성격을 판단하고 평가한다는 것이다. 그래서 마케터의 입장에서는 자사의 브랜드 가치를 높이기 위해 브랜드 페르소나 관리가 선행되어야 한다. 브랜드도 하나의 사람이자 인격체나 마찬가지라는 사실을 우리는 명심할 필요가 있다.

평소 즐겨 듣는 방탄소년단의 《인트로: 페르소나》에 이런 가사가 있다. '웃고 있는 나, 가끔은 울고 있는 나. 지금도 매분 매 순간 살아 숨 쉬는 페르소나.' 그렇다. 브랜드 페르소나 역시 실제 사람처럼 살아 숨 쉬고 있다. 소비자와 브랜드 모두 진화를 거듭하고 있는 오늘

그리스어에서 유래해 '가면'을 나타내는 말로, '외적 인격' 또는 '가면을 쓴 인격'을 뜻한다.

날, 소비자가 브랜드 페르소나를 이해하고 깨닫는 과정 자체가 쉽지 않다. 그러나 진심은 언제나 통하는 법. 공감대를 충분히 형성해 가면서 소비자와의 커뮤니케이션을 지속한다면 진심을 알아주는 때는 분명히 온다.

그렇다면 마케터로서 나의 페르소나는 어떨까. 잡코리아 설문조사에 따르면 직장인 중 77%가 '회사에서의 내 모습이 평상시와 다르다 – 회사에 맞는 가면을 쓰고 일한다'고 답했다고 한다. 아마도 나 역시 '나를 표현하는 다양한 자아 – 멀티 페르소나'가 있을 것이다. 그래서 소비자가 여러 페르소나를 갖고 살아가는 것 자체가 이해된다. 물론 나 또한 마케팅을 통해 이런 페르소나를 이용하여 소비자에게 제품을 알리고 구매하도록 설득하고 유도하는 중이다. 궁극적인 목적은 소비자로 하여금 우리 브랜드와 제품을 더 좋아하게 만드는 것이다. 나는 아직 세스 고딘처럼 마케팅 구루 는 아니다. 그러나 다양한 산업군의 외국계 기업에서 15여 년 동안 마케터로 일하면서 천당과 지옥을 오고 간 케이스가 수두룩했다. 마케터에게 실패는 여전히 두려운 존재다. 요즘은 시대가 달라져, 실패를 무조건 부끄럽게 생각하지 않고 성공에 도달하기 위한 관문으로 보기도 하지만 말이다.

그런 맥락에서 미국의 조직 심리학자 새뮤얼 웨스트가 기획한 '실패 박물관' 전시는 나에게 신선한 충격을 주었다. 그는 톨스토이의 《안나

guru 산스크리트어로 힌두교에서 신성시되는 인물인 브리하스파티Brihaspati를 일컫는다. 현재 인도에서 구루라는 용어는 일반적으로 선생님을 통칭하고, 서구 사회에서는 추종자들을 거느리고 있는 철학과 종교 지도자들을 광범위하게 지칭한다.

지금껏 나만 몰랐던 마케팅 기술

카레니나》에 나오는 "행복한 가정은 모두 엇비슷하고, 불행한 가정은 불행한 이유가 제각기 다르다."라는 구절에서 영감을 받아 해당 전시를 기획했다고 한다. 성공한 사례들은 모두 비슷한 이유로 성공을 했는데, 실패한 사례들에는 각각 너무나도 재미있는 이야기가 숨어 있다는 것이다. 사람들은 성공은 분석하지만 실패는 잘 분석하려 하지 않는다. 하지만 실패를 분석하고 교훈을 얻어야 '진짜 혁신'이 가능하다고 한 새뮤얼 웨스트에게서 나 또한 새로운 영감을 받았다.

이 책을 통해 나는 눈에 띄는 성과를 내지 못한 프로젝트로부터 직접 경험하며 배운 것들을 공유하고 싶다. 한순간의 '통찰'은 잡힐 듯 잡히지 않는다. 그러나 통찰은 거창한 게 아니라고 생각한다. 누구에게나 통찰은 찾아온다. 비록 나는 실패를 통해 비로소 깨달았지만 다른 사람은 그렇지 않기를 바라는 마음이다. 마케터에게 필요한 건 꾸준함이다. 꾸준히 성장하고 발전해 나가는 과정이 무엇보다 중요하다. 이런 경험과 배움을 토대로 오래 봐도 질리지 않는 브랜드 즉, 시간이 흘러도 변치 않는 가치를 지닌 브랜드를 만들어 낼 수 있다고 믿는다. 알고 있다. 이런 것들이 함부로 할 수 있는 약속은 아니라는 것을… 사람들이 열광하는 매력적인 브랜드인 데는 다 이유가 있다. 아무도 거들떠보지 않는 브랜드. 소비자 안목만을 탓할 것이 아니다. 소비자의 마음에 대해 충분히 공감하고 반응했는지 반성해 볼 필요가 있다. 분명한 한 가지는, 소비자는 제품이 아니라 가치를 산다는 것이다. 그래서 오늘도 우리는 소비자가 '공감할 수 있는 가치'와 함께 강력한 힘으로 소비자를 끌어당겨야 한다.

차례

PART 2 아무도 모르는 변화는
　　　　의미가 없다

드라마틱한 변화일수록
소비자의 뇌리에 정확하게 꽂아라

PART 3 매력적인 브랜드에는
이유가 있다

글로벌 톱 기업들의 마케팅 인사이트에서 기회를 찾아라

PART 4 절대 지루해지지 않는
마케터가 되는 법

**마인드를 세팅하라,
어차피 멘탈이 최고의 무기다**

PART 1

최고의 회사들은
'새로운 방식'을
두려워하지 않는다

'처음'이라는 기회는
언제나 단 한 번뿐이다

아디다스 버티컬 스토어:
"10미터 절벽의 스토어엔 뭐가 있을까?"

트레이드오프를 각오하고 위험 감수하기

불과 몇 년 전만 해도 국내 패션 시장에는 아웃도어 광풍이 불었다. 텔레비전만 켜면 아웃도어 브랜드 광고가 나왔고, 동네 뒷산을 가면서도 값비싼 고기능성 재킷을 입을 때였다. 그 당시 외국에서 아웃도어 재킷을 입고 모여 있는 무리는 영락없이 한국인 단체 관광객이었다고 하니, 그야말로 아웃도어는 대세 중의 대세였다.

내가 일했던 아디다스는 독일 태생의 스포츠 브랜드이다. 본사는 아름다운 풍경이 다채롭게 펼쳐진 독일의 작은 도시 헤르초게나우라흐에 있다. 유럽 50여 개 국가는 기후와 지형 등 자연적인 조건이 다양하다. 이러한 환경적인 특성 때문에 독일 또한 아웃도어 산업(관련 의류, 신발, 액세서리 등)이 일찍부터 발달했다. 또한 아웃도어 스포츠의 본고장인 만큼 독일에서는 해마다 유럽 최대 규모의 아웃도어 박람회가 열린다.

한국에서는 등산이 아웃도어 스포츠의 대표적인 종목이었지만, 유럽에서는 하이킹, 클라이밍, 트레일 러닝, 산악자전거, 슬랙라인 등 그 범위가 좀 더 다양하다. 등산은 말 그대로 정상을 정복하지 않더라도 산에 오르는 모든 행위를 지칭한다. 산의 고도에 따라 좀 더 세부적으로 살펴보면, 워킹은 산 아래 평지를 걷는 것, 하이킹은 평지가 아닌 낮은 산으로 올라가는 것, 그다음 순서는 트레킹, 클라이밍, 고산 등반으로 확장된다. 즉, 히말라야 트레킹이 일반인도 쉽게 걸을 수 있는 경로라면, 히말라야 등반은 전문 산악인의 영역이다.

이렇듯 아디다스 독일 본사와 한국에서 말하는 아웃도어 스포츠 개념에 대한 이해의 정도에 상당한 차이가 있었다. 한국에서는 아웃도어 풀 라인업을 처음 선보이는 상황이라, 짧은 시간 내에 다양한 아웃도어 스포츠에 대한 이해도를 높이는 건 마케터의 몫이었다. 참고로 1978년 세계 최초로 에베레스트 무산소 등정에 성공한 이탈리아 등반가 라인홀트 메스너가 당시 신었던 신발이 아디다스 '슈퍼 트레킹'화라고 하니, 아디다스는 아웃도어 시장에서는 이미 전문가였다. 아웃도어 스포츠를 공부하면서 알게 되었지만 라인홀트 메스너는 클라이밍의 전설과 같은 인물인데, 축구로 치면 축구 황제로 추앙받는 펠레와 아르헨티나의 축구 영웅 디에고 마라도나와 같은 수준이라고 보면 된다. 그러나 이러한 유구한 역사를 지니고 있다고 해서 한국인들 머릿속에 깊숙이 뿌리박힌 '아웃도어 스포츠 = 등산' 공식을 뚫는 건 쉽지 않았다. 매달 다양한 콘텐츠를 선보이며 아웃도어 스포츠의 다양성에 관해 이야기했지만, 바위를 향해 계란을 던지는 일 같았다.

　마케터들의 심각한 고민 중 하나는 어떻게 하면 우리 브랜드와 제품을 사람들의 뇌리에 선명하게 각인시키느냐 하는 것이다. 나 또한 치열한 경쟁 속에서 누구보다 아디다스 아웃도어가 돋보일 수 있는 마케팅 전략을 쥐어 짜내고 싶었다. 그때 나는 영혼을 갈아 넣다 못해 착즙기로 탈탈 털어야만 했다. 그러나 투자할 수 있는 예산은 적은 게 현실이었다. 왜냐하면 아디다스 안에서도 카테고리마다 예산의 부익부 빈익빈이 심하기 때문이다. 축구, 러닝 카테고리에 비해 아웃도어, 농구, 테니스 카테고리 등의 마케팅 예산이 넉넉하지 않다.

　아디다스 내에서 아웃도어의 포지셔닝에 대해서 좀 더 쉽게 말하면, 축구가 대기업이라면, 아웃도어는 중소기업이랄까. 예를 들어, 한국 경제가 대기업을 필두로 발전해 온 것처럼, 아디다스 또한 핵심 카테고리인 축구가 잘 돼야 비즈니스를 안정적으로 이끌어 나갈 수 있다. 그러니 기업이 이익을 창출하기 위해 수입성이 높은 곳에 투자하는 것은 당연하다. 흔히 우리는 대기업과 중소기업 사이에 균형을 이뤄 동반 성장하며 상호 발전해야 한다고 하지 않나? 그러나 그렇게 되기까지는 돈과 시간 그리고 힘든 시간을 이겨내는 인내심이 필요하다. 당장 이익이 나지 않는 상황을 언제까지 버틸 수 있겠는가? 열 손가락 깨물어 안 아픈 손가락 없다고 했던가. 마음 같아선 모든 카테고리마다 동등하게 투자하고 싶을 것이다. 그러나 어쩔 수 없이 줄을 세워 어떤 분야에는 돈을 적게 투자할 수밖에 없다. 아디다스에게 아웃도어는 아픈 손가락이었다. 그런 이유로 나는 더 강력한 한 방이 필요했고, 그렇게 탄생한 것이 '버티컬 스토어'였다.

버티컬 스토어의 탄생 비화를 밝히기 전에, 먼저 소비자들의 구매 의사 결정 과정을 설명하기 위해 널리 사용되고 있는 'AIDA 모델'에 대해서 언급하고 싶다. 해당 모델에 따르면 소비자들이 어떤 제품을 구매하기까지 주의Attention, 관심Interest, 욕구Desire, 행동Action의 4가지 단계를 거치는 것으로 보고 있다. 그렇다! 나의 목표는 '강한 자극'을 통해 소비자의 주의와 관심을 끄는 것이었다. 듣도 보도 못한 방식의 버티컬 스토어는 그렇게 탄생했다. 깎아지른 수직vertical 절벽 위에 지은 매장store이라고 해서 '버티컬 스토어'라는 이름을 붙였다. 거대한 바위산을 연상케 하는 10미터 높이의 인공 암벽 위에 자리 잡은 버티컬 스토어는 그렇게 송파구 가든파이브 중앙광장에 세워졌다. 버티컬 스토어를 언론에 공개하기 전에 밑밥을 까는 작업이 필요했다. '아웃도어 스포츠 = 등산' 공식을 깨뜨리기 위해, "山은 잊어라. 아디다스, '스포츠'로 아웃도어 시장 뚫는다." 등의 원색적인 제목의 기사도 나왔다. 소비자들은 오랜 학습을 통해 이미 등산에 친숙한 상황이라, 일단 새로운 이슈로 주의를 환기하는 게 필요했다. 우리는 '스포츠'를 강조해 소비자들의 인식을 흔들고 싶었다. 그러나 소비자의 머릿속에 강하게 각인된 등산을 스포츠 중의 하나로 인식을 전환하는 데는 한계가 있었다.

엎친 데 덮친 격이랄까. 야심 차게 오픈한 첫 번째 아웃도어 매장 매출이 신통치 못하면서 대전환이 필요했다. 두 번째 아웃도어 매장인 NC 백화점 송파점의 매출을 무조건 올려야만 했다. 압박감이 큰 상황이었다. 자연스럽게 버티컬 스토어는 소비자의 관심을 끄는 역할만으로는 부족했다. 사실 재미 요소를 주기 위한 설치물에서 매출까지 올린다는 건 불가능에 가까운 일이다. 그러나 시간이 지남에 따라 버티컬 스토어의 어깨는 무거워졌다. 소비자들의 지갑을 열게 만드는 '액션'까지 책임져야 하는 막중한 임무를 맡게 된 것이다. 매출을 올리기 위해 이유 여하를 막론하고 나는 일단 이 스토어를 알려야 했다. 참고로 가든파이브는 서울시가 문정동 일대 17만 8,443㎡(약 5만 4,073평)에 조성한 국내 최대 규모의 유통 단지이다. 그 당시에는 유동 인구도 적어 모객이 가장 큰 문제였다. 그래서 주요 언론이 집중보도할 수 있도록 사진 기자들만 초대하는 행사를 진행했다. 레인보우 재경과 지숙, 방송인 서장훈 등이 인공 암벽을 등반했다. 마케터들이 그토록 목이 터져라 외치는 '진정성' 측면에서 레인보우 재경의 아웃도어 신발 안의 희고, 고운 레이스 양말이 마음에 걸렸지만… 이 모든 건 디테일을 챙기지 못한 내 잘못이었다. 리얼리티 측면에서 그녀는 스포츠 양말을 신고 있어야만 했다. 그러나 기우를 뒤로하고, 철저한 프로정신과 몸을 아끼지 않았던 셀럽들 덕분에 주요 매체마다 버티컬 스토어 기사들로 도배할 수 있었다. 그리고 해당 보도자료 관계자 코멘트에는 "버티컬 스토어 설치는 아디다스 아웃도어가 나아가고자 하는 방향성을 가장 잘 표현한 소비자 참여형 이벤트이다. 아디다스와 함께 평소에 경험하기 어려운 짜릿한 체험으로 특별한 추억도 남기고 다양한 혜택도 받아 가길 바란다."라는 내용을 담았다. 그렇다. 소비자들은 암벽에 올라 매장 내에 숨겨진 포춘 카드를 찾아, 바로 옆에 있는 NC 백화점 송파점 아디다스 아웃도어 매장을 방문해야만 했다.

울며 겨자 먹기로 해당 기간 동안 판매 성과를 높이기 위해 할인은 물론이고 다양한 선물 증정 행사를 갖는 등 내가 할 수 있는 모든 것을 다했다. 예상했던 대로 프로모션 기간 동안 깜짝 실적을 냈다. 하지만 프로모션 기간이 끝나자마자 기다렸다는 듯이 매장을 찾는 사람 수가 급감하면서 매출도 곤두박질쳤다. 프로모션 초기 반응이 굉장히 뜨거웠지만 초반 분위기를 이어가지 못했다. 결론적으로 버티컬 스토어는 매출 달성에 실패했다. 두 마리 토끼를 다 잡으려다 이도 저도 아닌 상황에 봉착했다. 원래 기획 의도대로 버티컬 스토어는 소비자와 언론의 관심을 불러일으키는 데 끝까지 집중해야만 했다. 즉, 상상이 현실이 되게 만든 이 프로젝트에 대한 초기의 열렬한 호응과 대대적인 관심을 계속 유지하기 위한 노력이 더 필요했다. 버티컬 스토어는 결국 매출 압박에 시달리다가 성과는 없고 비용만 많이 들었다는 비난과 함께 천덕꾸러기 취급을 받았다. 출발은 분명 좋았는데 말이다. 소비자의 지갑은 열라고 강요하며 울고 불며 매달린다고 해서 열리는 것이 아니다. 소비자의 지갑을 열게 만드는 것은 또 다른 영역이다.

지속가능한 경쟁우위를 찾아야 한다

현실적으로 새로운 아이디어를 실행하는 데에는 '트레이드오프 '

trade-off 어느 것을 얻으려면 반드시 다른 것을 희생해야 하는 경제 관계.

가 나타난다. 버티컬 스토어 사례를 보면, 어중간하게 '소비자의 관심'과 '매출'이라는 두 가지 측면을 동시에 개선시켜야 하는 상황에 직면했다. 전쟁터와 같은 시장에서 유능한 경쟁자를 이기고 살아남기 위해서는 트레이드오프를 각오하고 위험을 감수해야 한다. 어쩌면 위험을 감수하지 않는 것이 더 큰 위험이다. 즉, 경쟁자 대비 나의 견고한 경쟁우위를 확보하는 동시에, 다른 측면에서는 약점을 솔직하게 수용해야 한다. 사실상 두 마리 토끼를 잡을 수 있는 즉, '모든 측면에서 완벽한' 버티컬 스토어는 존재하지 않았다. 이렇듯 트레이드오프를 '수용accept'할 것인지 '극복break'할 것인지는 결국 '내부 의사결정'에 달려있다. 수용과 극복 두 가지 선택지를 놓고 고민이 폭풍처럼 몰려올 것이다. 어떤 것을 선택해야 할까? 내 판단이 틀리면 어쩌지? 순간 머릿속이 띵해지기 시작한다. 그래서 비즈니스 분야에서 새로운 것을 시도할 때는 '다양한 시나리오 점검'이 반드시 필요하다. 즉, 불확실성을 체계적으로 꼼꼼하게 점검해 보는 것이다. 이를 위해서는 첫째, 불확실한 상황 속에 숨어 있는 '기회'와 '위험' 요인을 정확히 파악하는 것이 필요하다. 조금 귀찮더라도 하나씩 나열해 볼 것을 권한다. 그래야 각각의 요인들을 서로 비교하기가 쉽다. 둘째, 전략적인 사고를 통해 미래에 일어날 수 있는 상황들을 여러 가지 시나리오로 구성한다. 좀 더 쉬운 말로 미래에 있을 법한 여러 가지 상황을 이리저리 재보고 계산하고 예측해 보는 것이다. 그리고 앞뒤의 논리가 맞는지 스스로 냉정하게 평가한다. 내용 하나 하나 객관적으로 살펴보다 보면 그동안 눈에 보이지 않던 오류들을 발견할 수 있다. 끝으로,

할 수만 있다면 다양한 시뮬레이션을 통해 철저히 검증한다. 특히 비용이 많이 드는 프로젝트일 경우 반드시 필요한 절차이다. 하지만 현실에서 실천하기란 쉽지 않다. 눈앞에 닥친 일들을 쳐내기도 바쁜데 언제 캠페인에 대한 가설을 수립하고 검증을 통해 인사이트를 도출할 것인가? 또한 이렇게 한다고 해서 성공을 보장하지도 않을뿐더러, 예상치 못한 상황에 직면할 수도 있다. 다만 할 수 있는 선에서 최선의 노력을 다했다면 후회하는 것을 줄일 수 있다. 우리가 선택하지 않은 선택지에 대한 결과는 아무도 모른다.

시간을 되돌릴 수 있다면 아웃도어 카테고리가 성공적으로 안착할 수 있도록 경쟁자가 모방할 수 없는 '지속가능한 경쟁우위'를 찾는 데 더 집중해야 했다. 지속가능한 경쟁우위는 단 한 번의 이벤트로 얻을 수 있는 것이 아니기 때문이다. 그때 이걸 알았더라면… 그때 이런 관점으로 생각하고 기획했더라면 상황은 어떻게 달라졌을까? 암묵적으로 이미 알고 있던 사실은 우리의 타깃 소비자는 등산을 즐기는 중년층이 아니라, 다양한 아웃도어 액티비티를 즐기는 2030세대였다. 그렇다면 최우선으로 선행할 과제는 이 타깃 소비자를 대상으로 우리 콘텐츠와의 관련성을 증대시켜, 소비자의 관심을 높이는 것이다. 지속가능한 경쟁우위는 버티컬 스토어처럼 일회성으로 반짝했다 사라지지 않는다. 경쟁우위의 핵심은 '차별화된 브랜드 경험'을 지속적으로 만들고 확산시킬 수 있어야 한다.

이런 측면에서 보면 오스트리아에서 탄생한 레드불 에너지 드링크의 행보를 참고할 만하다. 레드불은 에너지 드링크보다는 '하나의 삶의 방식'을 판다고 표현하는 게 더 적절한 수식어라는 생각이 든다. 레드불의 콘텐츠 마케팅은 타의 추종을 불허한다. 특히 익스트림 스포츠 이벤트 등을 주최하고 후원하거나 해당 분야의 인플루언서와의 협업을 통해 타깃 소비자들이 더 활발하게 모험을 즐길 수 있도록 영감을 주는 매력적인 콘텐츠를 끊임없이 생산해낸다. 레드불의 콘텐츠는 제품을 직접 노출시키지는 않지만 콘텐츠 자체를 즐길 수 있도록 치밀하게 고안되어 있다. 이러한 방식으로 레드불은 소비자들과 뼛속까지 진정한 관계를 맺게 되고 브랜드에 충실한 커뮤니티를 형성할 수 있었다. 즉, 레드불은 브랜드 자체가 사람들의 관심을 불러일으킬 만한 콘텐츠에 자연스럽게 스며들어 있을 뿐만 아니라, 더 나아가 레드불 색채로 가득한 컬처를 적극적으로 창조해 나가고 있다. 다양한 채널을 통해 브랜드 인지도를 높이고, 모든 콘텐츠가 레드불 브랜드 정체성을 정확하게 구축하며 강력한 존재감을 드러내고 있다. 이러니 레드불 매력에 한번 빠져들면 헤어 나오기란 쉽지 않다.

이러한 사례들을 되짚어 보면서 나 또한 타깃 소비자에게 더 강력한 영감과 동기를 불어넣을 수 있는 콘텐츠 기획에 집중했어야 했다. 시간이 다소 소요되더라도 말이다. 온·오프라인 채널 전반에서 소비자들이 즐길 수 있는 콘텐츠를 안정적으로 제작하고 유통시키는 과정은 말처럼 쉽지 않다. 이제 와서 후회하면 무엇 하랴. 다 부질없는 것을… 나도 안다. 한번 지나간 버스는 후진하지 않는다.

버티컬 스토어

아찔한 10미터 절벽 끝 세로형 팝업 스토어

그림 1

출처 | 아디다스 코리아

아디다스 스포츠 대회 :
"스포츠 클라이밍 대회는 처음이라."

비즈니스로써의 확장 가능성 점검하기

한국의 스포츠는 '엘리트 스포츠 ' 중심으로 성장해 왔다. 이러한 특수 상황 속에서 소수의 선수만이 '국위선양'이라는 타이틀 하에 박수를 받아 왔다. 과거를 되돌아보면 스포츠는 유용한 국가 홍보 수단이었다. 이러한 상황 속에서 올림픽이나 월드컵과 같은 국제 스포츠 이벤트가 열릴 때면 항상 언론에 대두되는 주제가 있다. "다양한 종목의 체육 인재 육성과 저변 확대라는 과제를 안고 있습니다." 좀 더 쉽게 말하면, 이제는 생활의 일부가 된 축구, 야구 등과 같은 '국민 스포츠'는 저변이 확대된 스포츠라 하며. 이와는 반대로 사람들이 흔히 말하는 '비인기 종목'은 저변이 확대되지 않은 스포츠라고 볼 수 있다.

elite sport 정책적으로 특정 소수의 엘리트(선택된 사람들 또는 사회에서 뛰어난 능력이 있다고 인정한 사람 등을 뜻하는 프랑스어) 선수들에게만 집중적으로 투자를 하고 훈련을 시켜 국제 대회 등에서 메달 획득의 가능성을 높이는 스포츠.

몇 년 전만 해도 거대한 인공 암벽을 맨손으로 오르는 '익스트림 스포츠' 중 하나인 '스포츠 클라이밍'은 일반인들에게는 낯선 종목이었다. 대부분이 경기 규칙은커녕 스포츠 클라이밍 안에 세 가지 종목 - 리드 , 스피드 , 볼더링 이 있는지조차 몰랐다. 그러나 지금은 시대가 완전히 달라졌다. 그동안 볼 수 없었던 실내 인공 암벽장들이 도심 곳곳에 들어서고 있다. 그래서인지 남녀 할 것 없이 취미로, 운동으로 스포츠 클라이밍을 시작하는 사람들이 많아졌다. 또한 2020년 도쿄 올림픽 정식 종목으로 채택되면서 요즘 주목받고 있는 인기 스포츠 중 하나가 되었다. 원래 스포츠 클라이밍은 실제 자연 암벽을 타는 마운틴 클라이밍을 하는 선수들의 실내 훈련을 목적으로 탄생했다. 골프로 치자면, 필드에 나가기 전에 실내 골프 연습장에서 훈련하는 것과 마찬가지이다. 역사를 거슬러 올라가 보면 1960~70년대부터 유럽을 중심으로 실내 인공 암벽장이 조금씩 생겨나기 시작했다.

유럽은 기후와 지형 등 자연적인 조건이 다양해서인지 특히 아웃도어 스포츠가 발달했다. 유럽의 중추인 독일에서 태어난 아디다스 또한 소비자들에게 아웃도어 스포츠를 기반으로 한 다양한 제품들을 선보여 왔다. 흔히 스포츠 브랜드는 스포츠 이벤트에서 이룬 성과로

정해진 시간 안에 15미터 높이의 경기벽을 누가 먼저 완등하는지를 겨루는 경기.
두 명의 선수가 15미터 높이의 경기벽을 누가 더 빠른 시간 안에 완등하는지를 겨루는 경기.
4~5미터 높이의 경기벽의 여러 코스를 등반하면서 해결한 과제수와 등반 중 시도 횟수를 종합하여 순위를 겨루는 경기.

브랜드 가치가 상승한다. 이에 따른 반사이익으로 브랜드와 제품에 대한 선호도를 높일 수 있다. 더불어 이러한 선호도를 바탕으로 매출이 증가하는 효과를 누리기도 한다. 아디다스 또한 아웃도어 카테고리 비즈니스를 강화하기 위한 기반을 다지기 위해, 2011년 오스트리아에서 '아디다스 락스타'를 론칭했다. 아디다스 락스타는 스포츠 클라이밍과 음악 공연을 함께 즐길 수 있는 아웃도어 스포츠 이벤트이다. 락스타의 락은 영어의 바위를 뜻하는 '락rock'과 1950년대 중반 로큰롤에서 발전한 락 음악, 두 가지 의미를 가지는 중의적 표현이다.

그 당시 아웃도어 카테고리를 맡고 있던 나에게 주어진 미션은 새로운 컨셉으로 완전무장한 아디다스 락스타를 한국에 론칭하는 것이었다. 일단 대회 명칭은 '아디다스 락스타 코리아 볼더링 대회'로 결정했다. 그리고 '짜릿한 클라이밍과 신나는 음악이 어우러진 신개념 스포츠 이벤트'라는 소개 문구를 덧붙였다. 그때 기억을 떠올리면 온통 막막한 생각뿐이었다. 우리가 축구 이벤트를 할 때는 축구란 무엇인가 구구절절 설명할 필요가 없다. 축구의 본질부터 역사까지 세세하게 탐구하지 않더라도 사람들 대부분이 축구 경기가 무엇인지 알고 있기 때문이다. 그러나 볼더링은 달랐다. 평범한 일반인 중에 볼더링이 스포츠 클라이밍의 세 가지 종목 중 하나라는 것 자체를 아는 사람이 드물었다.

뿐만 아니라 경기를 치르는 인공 암벽을 세우기 위해서는 생각보다 넓은 공간이 필요했다. 장소를 두고 고민도 많았지만 결국 경기도 과천에 위치한 서울대공원 분수대 광장으로 결정했다. 돌이켜보면 스포츠 클라이밍 대회는 처음이라 낯선 게 한두 가지가 아니었다. 모든 것이 나에겐 생소했다. 준비하는 과정은 험난할 것이 분명했다. 대한산악연맹 담당자들과 협의할 때도, 사내 이해관계자들을 설득할 때조차도 물에 물탄 듯, 술에 술탄 듯 뚜렷한 주관이 없었다. 스스로가 무지하다는 것을 자각했지만 무지함에 압도되어서일까. 문제를 해결해 나가는 게 녹록지 않았다. 특히 세일즈 팀을 설득할 때가 제일 힘들었다. "우린 땅 파서 장사하냐." 이런 비판을 피하기 위해서는 이 볼더링 대회로 인해 아웃도어 옷과 신발이 날개 돋친 듯 팔려야만 했다. 시간이 지남에 따라 예산은 눈덩이처럼 늘어나기 시작했고, 대회를 준비하는데 생각보다 많은 비용이 들어갔다. 즉, 회사 입장에서는 투입된 투자 대비 결과, 한 마디로 ROI 가 나와야 했다.

축구 이벤트가 성공적으로 끝나면 축구 저지는 물론 축구화, 축구공 등 축구 관련 용품이 불티나게 팔린다. 그러나 '아디다스 락스타 코리아 볼더링 대회'의 맹점은 세일즈에 기여할 수 있는 부분이 극도로 적었다. 볼더링을 할 때 신는 신발은 암벽화이지 우리가 주력으로 팔고 싶은 아웃도어 신발(등산화, 트레킹화 등)이 아니었다. 혹자는 어찌저찌 옷은 판매할 수도 있지 않냐고 묻겠지만 경기 장면을 떠올려 보면 답은 명확하다. 볼더링을 할 때는 반팔, 반바지 차림이다. 아웃도어 재킷을 입지 않는다. 스포츠 클라이밍에 대한 다양한 이야기를 온전히 풀어도 아웃도어 카테고리 비즈니스에 대한 기여도는 낮은 게 현실이었다. 장기적 관점에서 독일 본사는 락스타를 상징적인 이벤트로 대중들에게 선보일 수 있다. 지금 당장 수익이 나지 않더라도 '미래 가치'에 무게중심을 두고 진득하게 기다릴 수 있는 여유가 있다. 즉, 스포츠 이벤트를 통해 세일즈로의 즉각적인 전환이 일어나지 않더라도, '브랜드 경험'을 강화하여 소비자들에게 '브랜드 호감도' 및 '구매 의향'을 먼저 높인다는 데 의의를 둘 수 있다. 그러나 한국 지사의 상황은 다르다. 본사와 달리 지사는 빅픽처 대신 당장 눈앞의 이익만을 따지게 된다. 매출 증가를 통해 외형 성장이 필요하기 때문이다. 사실 숲도 보고 나무도 봐야 한다는 것을 머리로는 알지만 막상 실행에 옮기기는 쉽지 않다.

 이렇듯 축구나 러닝 카테고리에 비해 입지가 그리 단단하지 못한 아웃도어 카테고리 같은 경우는 짧은 시간 안에 눈에 보이는 매출 변화가 필수였다. 가뜩이나 저조한 매출 실적에 마케팅 팀은 안팎으로 압박이 장난이 아니었다. 일단 볼더링 대회를 개최하면서 매출 압박을 벗어나는 유일한 탈출구는 팝업 스토어와 오프라인 매장 연계 판매라는 결론을 내렸다. 즉, 사람들은 대회 현장에 마련된 팝업 스토어에서 제품을 바로 구입하거나, 대회 당일 발급 받은 쿠폰을 가지고 지정된 매장을 방문하면 특별한 혜택을 제공받을 수 있었다. 하지만 여기에는 한 가지 치명적인 맹점이 있었다. 흔히 팝업 스토어는 제품 판매와 브랜드 체험 사이에 적절한 균형을 유지하고 있지만 아쉽게도 대회 현장에 설치된 팝업 스토어는 그렇지 못했다. 제품 판매에 무게중심이 더 실렸다. 이유는 간단했다. 전체 예산의 대부분을 대회 운영비로 지출하다 보니 소비자들에게 새로운 경험을 제공하기 위한 기획을 하는데 한계가 있었다. 마케터라면 격하게 공감할 것이다. 모든 것은 돈으로 귀결된다. 더불어 오프라인 매장 연계 또한 추가적인 세일즈 기회를 창출하기 위한 노력이었지만 결과는 신통치 않았다. 흔히 제품을 직접 체험해 본 소비자들의 구매 전환율이 높다고 한다. 그럼에도 불구하고 환경이 여의치 않은 현장에서 이를 실현하는 것은 말처럼 쉽지 않다.

　대신 아디다스 락스타 코리아 볼더링 대회는 '업계 최초'라는 수식어를 얻었을 뿐만 아니라, 새로운 방식의 아웃도어 스포츠 이벤트로 업계 안팎으로 회자가 되었다. 그 당시 대부분의 경쟁사 브랜드 담당자들이 현장에 모습을 드러냈었고, 대회가 끝난 후 락스타를 벤치마킹한 비슷한 포맷의 대회들이 차츰 생겨나기 시작했다. 마케터로서 업계를 리드하며 스포츠 클라이밍 이벤트의 '새로운 기준'을 제시하는 순간은 짜릿했다. 그러나 높은 확장성을 갖춘 비즈니스 모델인지 꼼꼼하게 점검해본 후 냉철한 판단이 필요했다. 즉, 수익을 내고, 경쟁력을 갖추는데 기여할 수 있어야 한다. '만약 모든 일이 너에게 불리하게 되어가는 것 같을 때면 기억하라. 비행기는 바람을 가르고 이륙하는 것이지, 바람의 힘으로 이륙하는 것이 아니다.' 미국의 자동차 회사 포드의 창립자인 헨리 포드의 명언이 떠올랐다. 그렇다. 매서운 칼바람을 가르며 매출을 신장시켜야만 했다. '매출이 곧 인격' 아니던가. 매출 신장은 피할 수 없는 과제이다. 내부적으로 기다림의 여유가 없는 상황이라면, 더더욱 비즈니스의 확장성을 가장 먼저 염두에 둬야 한다. 속된 말로 정말 쫄리는 상황을 마주하게 되면, 제대로 된 판단이 불가능하다. 일단 이런 불확실한 상황에서 생존이 필수다. 물론 '닭이 먼저냐, 달걀이 먼저냐'하는 문제처럼 마케팅이 먼저냐, 세일즈가 먼저냐는 질문에 정답은 없다.

만약 시간을 되돌릴 수 있다면 나는 무엇을 할 수 있을까?

첫째, 볼더링 대회라는 플랫폼을 시장에 선보이기 전에 아웃도어 의류와 신발이 먼저 시장에 안정적으로 안착할 수 있도록 '실용적인 마케팅 전략'을 먼저 구상하고 실행한다. 하고 싶은 것과 해야 하는 것이 꼭 일치하는 것은 아니다. 하고 싶은 것을 하기 위해서는 일단 생존부터 하고 봐야 한다. 배를 곯을 수는 없지 않은가. 일단 배부터 든든하게 채워야 한다.

둘째, 후발 브랜드 입장에서 좀 더 공격적인 마인드로 차별화 기회를 포착한다. 선발 브랜드와는 다른 '차별화된 소비자 가치'를 분명하게 제공할 수 있어야 한다. 소비자 입장에서 보면 엇비슷한 수준의 가치라면 평소 편하고 익숙한 브랜드를 사용하는 것이 더 낫다. 차이가 없다면 굳이 새로운 브랜드로 갈아탈 필요가 없다.

끝으로, 관점을 완전히 바꿔본다. 등산으로 점철된 아웃도어 시장의 후발 브랜드가 아니라, 다양한 아웃도어 스포츠를 위한 '신규 시장을 창출'하는 것이다. 물론 경쟁이 치열한 산업군일수록 신규 소비자군에 어필하는 제품을 확대한다는 게 말처럼 쉽지 않다. 이를 실현시키기 위해서는 마케팅뿐만 아니라 유통 채널 등 핵심 요소들을 다각도로 살펴보고 분석해서 시장 진출을 위한 전략을 마련해야 한다. 그때는 왜 몰랐었는지. 과거는 과거일 뿐이다.

지금 우리는 변해도 너무 빨리 변하는 시대를 살고 있다. 불과 몇 개월 사이에 긍정적으로 평가받은 마케팅 기획이 어느 날 갑자기 쓸모없는 것으로 평가받을 수 있다. 무엇보다 중요한 한 가지 사실은 이제 마케터의 역할이 마케팅 캠페인 기획과 실행에 국한되지 않는다. 즉, 오롯이 마케팅 하나만 봐서는 안 된다. 빠른 변화의 속도와 함께 마케팅의 역할도 다이내믹하게 바뀌고 있기 때문이다. 실행을 넘어서 매출 확대 업무에 대한 적극적인 관여와 기여가 반드시 필요하다는 사실을 기억하자.

네스프레소 커피 :
"머신이 아니라 취향을 팔아요."

완전히 새로운 니즈를 발굴해
충족시키는 '가치 제안' 실현하기

인생은 타이밍이다. 돌아보면 나 역시 적절한 타이밍에 적절한 변화가 필요했다. 나는 꽤 오랜 시간 동안 스포츠 브랜드 마케팅을 했다. 매일 녹초가 된 몸을 이끌고 회사에 다녔다. 당시만 하더라도 나는 그게 번아웃 증상인지 몰랐다. 그냥 에너지 레벨이 바닥까지 떨어진 것으로 생각했다. 그러다가 30대 후반이 되어서 처음으로 회사 일이 아니라 나의 가치에 대해서 생각해봤다. 그러면서 자연스럽게 다른 산업군도 궁금해졌다. 매번 하던 것을 계속하기보다는 새로운 분야에 도전해보고 싶었다. 때마침 헤드헌터를 통해 새로운 포지션을 제안받았고, 세계 최대 식품 회사인 네슬레에서 네스프레소 커피 브랜드 커뮤니케이션 팀을 맡게 되었다.

혹자는 마케터가 한 우물 즉, 한 산업군을 파는 것이 전문가라고 주장하기도 한다. 그러나 내 생각은 조금 다르다. 우리가 운동할 때 '코어'를 강조하지 않나. 코어는 몸의 중심이자, 모든 움직임의 시작점이다. 그래서 코어를 만드는 것이 모든 운동의 기본이다. 마케터에게는 '전략적 사고'가 코어라고 생각한다. 이 코어 하나면 끝! 이제 실무에 적용하기만 하면 된다. 어차피 우리 일상도 하루가 다르게 빠른 속도로 변화한다. 특히나 마케팅 분야는 빠르게 변화해야 살아남는다. 몇 년 전만 해도 온라인 광고를 할 때 페이스북, 인스타그램에 비중을 두고 유튜브는 곁다리로 존재했다. 그러나 지금은 유튜브가 대세 플랫폼이다. 그만큼 예측 불가한 세상을 살고 있다. 즉, 마케터는 변화무쌍한 세상 속에서 소비자에게 어떤 제품이나 서비스를 '잘 팔 수 있는 사람'이어야 한다. 결국 우리가 파는 제품과 서비스도 그것을 둘러싼 환경도 끊임없이 변화한다. 그래서 마케터는 '전략적 사고'를 하는 '코어'를 기반으로 늘 변화를 주시해야 한다. 산업이나 업종에 따라 다르겠지만 일맥상통하는 면은 분명히 존재한다. 변화의 소용돌이 속에서 마케터로서 가져야 할 '지속 가능한 경쟁우위'를 끊임없이 찾아야 하기 때문에 한 우물은 큰 의미가 없다고 본다. 물론 예술가, 과학자 또는 연구와 탐구기 필요한 분야는 별개의 문제이다.

글로벌 시장조사기관 유로모니터에 따르면 2019년 한국의 커피 전문점 시장 규모는 약 5조 4천 억 원으로 미국, 중국에 이어 세계 3위 수준이다. 우스갯소리로 "커피값 아껴 건물주 된다."는 말이 괜히 나오는 게 아니다. 네슬레는 세계 커피 시장의 큰손이다. 네스카페, 네스프레소, 블루 보틀 등 잘 나가는 커피 브랜드를 모두 가지고 있다. 뿐만 아니라 스타벅스 캡슐 커피 출시로 네스카페 돌체구스토, 네스프레소와 함께 총 3개의 캡슐 커피 브랜드를 보유하고 있다. 참고로 네슬레는 네스카페 등 다양한 커피 브랜드가 있지만, 인스턴트 원두 커피 판매율이 예전 같지 않았고, 고급 커피로의 브랜드 이미지 변화 등을 꾀하기 위해 커피계의 내로라하는 유명 브랜드들을 속속 인수 합병해왔다.

　이런 '식품 공룡' 네슬레가 이끄는 네스프레소의 비즈니스는 어떨지 궁금증을 자극했다. 일단 이 궁금증을 가지고 집요하게 파고들어 보고 싶었다. 나는 먼저 네스프레소 캡슐 커피를 마시는 것으로부터 시작했다. 나에게도 모닝 커피는 필수다. 대부분의 직장인이 그러하듯이 나 또한 커피 수혈로 하루를 시작한다. 그렇다, 카페인 중독이다. 피로가 밀려올 때면 카페인으로 버텼다. 집에서는 네스카페 인스턴트 커피, 집 밖에서는 스타벅스 커피를 마셨다. 내가 좋아하는 커피를 마케팅할 수 있는 기회를 잡은 건 너무나도 좋았다. 마케터로서 나만의 철칙이 있다면 내가 마케팅해야 하는 제품과 서비스, 그것들을 진심으로 사랑해야 한다는 것이다. 그냥 단순한 직장 생활로 받아들이고 싶지 않았다. 물론 식품 업계는 식품 안전 문제가 제일 중요하다. 사람 입으로 들어가는 것이기 때문에 '안전한 먹을거리'라는 것은 기본이자 가장 중요한 가치이다. 나 역시 이것을 전제로, 살아남기 위해 혈투를 벌이고 있는 치열한 커피 시장에 대해서 파고들기 시작했다.

캡슐 커피를 마시는 일과 함께 네스프레소 브랜드를 맡으면서 제일 먼저 했던 일은 다양한 커피 서적들을 읽는 것이었다. 마케터의 직업병인지 어딜 가든 브랜드를 확인하는 버릇이 있어서 이탈리아 라마르조코가 최상급 에스프레소 머신 중 하나라는 건 알고 있었다. 참고로 이탈리아의 '커피 부심'이 얼마나 대단하냐면, 이탈리아 정부는 자국 전통 커피의 대명사인 에스프레소를 유네스코 세계유산으로 등재하는 일을 추진하고 있다고 한다. 에스프레소는 '빠르다express'와 '압축하다press'라는 말에서 왔다. 즉, 에스프레소 방식이란 커피 분말 사이로 뜨거운 물을 고압으로 통과시켜 짧은 순간에 커피를 추출하는 것을 말한다.

이렇게 빠른 속도로 커피의 맛과 향을 최대한 추출해내는 비결은 높은 압력에 있다. 한 잔의 커피를 만드는 건 쉬운 일이 아니다. 그래서 전문가인 바리스타가 있는 것이다. 에스프레소를 내리고, 다양한 커피 메뉴를 만드는 데는 풍부한 노하우가 필요하기 때문이다. 이 원리를 그대로 도입한 것이 네스프레소 커피 머신과 캡슐 커피이다. 즉, 전문가가 아니어도, 고가의 장비가 없어도 누구나 양질의 커피를 즐길 수 있게 한 것이다. 처음에 입사했을 때 네스프레소는 커피 머신이 주요 비즈니스라고 생각했다. 그러나 세계적인 에스프레소 머신 브랜드인 드롱기, 유라, 필립스 세코 등과 네스프레소는 가는 길 자체가 엄연히 달랐다. 그렇다. 네스프레소는 커피 머신뿐만 아니라, 개별 포장된 캡슐 커피를 최초로 선보인, 커피계에서 혁신적인 선두주자였다.

《커피 테크놀로지》의 저자이자 유명한 커피 과학자인 마이클 시베츠는 "커피는 영양을 위해 사거나 마시지 않는다. 우리는 커피를 중량으로 사며 잔으로 값을 지불하지만 그 가치는 양이 아닌, 맛과 향기로만 매길 수 있다. 커피의 가치는 소비자에게 즐거움과 만족을 주는 데 있으며, 그것은 맛과 향기, 생리적, 심리적 효능으로 이루어진다."라고 말했다. 즉, 커피는 취향을 대변한다. 내가 얼마나 좋은 취향을 지녔는지 구구절절한 말 대신, 커피 하나로 표현할 수 있다. 마케터가 제품과 서비스를 팔 때 항상 고민하는 것이 '소비자 취향을 잘 읽을 수 있을까?'이다. 그런 면에서 네스프레소는 '섬세한' 소비자의 취향을 파악해 냈다. 그리고 '고메gourmet 캡슐 커피'라는 새로운 가치를 창출했고, 이를 통해 차별화를 이루어냈다.

한국 사람들에게 '고메'라는 단어는 아마도 '현대카드 고메위크' 때문에 익숙할 것이다. 이 행사 시기는 국내 최대 규모의 '파인 다이닝' 페스티벌로 해당 주간에 다양한 레스토랑에서 제공하는 대표 메뉴를 50% 할인된 가격에 즐길 수 있다. 네스프레소는 미식을 뜻하는 '가스트로노미'를 커피에 접목시켰다. 쉽게 말하면, 가스트로노미란 파인 다이닝을 의미한다. 정말 기막힌 전략 아닌가. 네스프레소는 자사를 대표하는 앰버서더 셰프도 있고, 고메위크도 있다. 스위스 본사 담당자에게 이 내용을 전달받았을 때 획기적인 접근법에 놀랐

fine dining 사전적 의미는 고급 식당. 귀한 식재료, 코스 메뉴들의 맛과 모양, 식당의 분위기와 서비스까지 모든 것이 조화를 이룬 품격 있는 식당을 뜻한다.

gastronomy 사전적 의미로 먹을거리에 관한 미적이고 지적인 가치관과 세련됨을 추구하는 행위.

다. 오랫동안 커피를 마셨지만 나는 무슨 생각을 하며 커피를 마신 것인가. 스스로에 대해 반성했다. 미식가의 바이블로 불릴 정도로 세계 최고의 권위를 인정받는 '미쉘린 가이드'가 선정한 레스토랑에서 정찬 코스가 끝나고, 마지막에 디저트와 함께 즐기는 네스프레소 커피는 화룡점정과도 같다. 즉, 커피와 함께 훌륭한 한 끼 식사가 비로소 완성되는 것이다. 미쉘린 스타 셰프들은 수준 높은 와인 페어링과 함께 커피 또한 취향에 맞게 엄격하게 선정한다. 긴 설명 대신 세계 최고임을 증명하는데 이보다 더 좋은 방법이 있을까. 커피는 점심 이후에 흔히 한 잔씩 마시는 매우 대중적인 음료지만, 네스프레소는 새로운 가치를 부여한 '고메 캡슐 커피'로 포지셔닝 해 스스로의 '격'을 완전히 다르게 만들었다. 2020년 네스프레소 매출은 59억 스위스 프랑(약 7조 4,181억 원)에 달했다. 이는 지난 6년 동안 가장 높은 매출액을 기록했다. (출처: Nestlé reports full-year results for 2020)

지금의 네스프레소 명성을 있게 한 밑바탕에는 두 가지 기본 요소가 뒷받침되어 있다.

첫째, 네스프레소는 11만 명의 커피 농부들을 통해 세계 최고 수준의 스페셜티 커피를 공급받는다. 이러니 네스프레소 스스로가 커피에 대한 자부심이 안 생기려야 안 생길 수가 없다.

둘째, 알루미늄 소재로 된 캡슐은 커피가 산화되는 것을 방지하고 신선도를 오랜 시간 유지할 수 있게 해준다. 알루미늄 캡슐 포장은

바이블 어떤 분야에서 지침이 될 만큼 권위가 있는 책.

산소와의 접촉, 급격한 온도 변화와 빛으로부터 커피를 보호한다. 커피가 공기에 노출되면 본연의 맛과 향을 잃어버리기 십상이다. 네스프레소는 이러한 높은 품질의 커피를 기반으로 소비자가 저항할 수 없는 '가치 제안'으로 막강한 경쟁력을 확보할 수 있었다.

마케터는 소비자에게 남다른 가치를 제안하기 위해 항상 고민한다. 이러한 가치를 어떻게 만들어갈 수 있을까? 이때 무엇보다 중요한 것은 '마케터의 시각'이다. 우리는 자신도 모르게 색안경을 끼고 세상을 바라볼 때가 있다. 편견은 세상을 보는 눈을 왜곡시킨다. 마케터는 어떤 편견에도 사로잡히지 않고, 오롯이 소비자를 이해하는 데에만 집중해야 한다. 그래야 비로소 어느 한쪽으로도 치우치지 않는 '균형 잡힌 시각'을 가지고 '소비자가 원하는 가치'를 제대로 발견할 수 있다. 그리고 그 가치에 대해 마케터의 언어가 아니라, '소비자의 언어' 즉, 쉽고 일상적인 언어로 소통해야 한다. 그래야만 소비자들이 그 언어를 공감하고 제품을 구매할 수 있다. 언어는 생활의 거의 모든 부분에 스며들어 있다. 언어의 중요성은 두말하면 잔소리다. 소비자로 하여금 '도대체 무슨 말을 하는 거야?'라는 생각이 들게 했다면 그건 전적으로 마케터의 잘못이다. 마케터와 소비자 사이에 죽이 척척 잘 맞으려면 말이 잘 통해야 한다. 그래야 마음도 통한다. 그러면 자연스레 우리에게 있어 최고의 순간을 기대해볼 만하다. 그건 바로 제품이 불티나게 팔리는 상황이다. 생각만 해도 짜릿하지 않은가.

기업의 '지속가능성'은 더 이상
수익성과 상반되지 않는다

　연말이면 어김없이 기업들은 저마다 임직원 전체가 참여하는 기부 행사를 마련한다. '소외된 이웃에게 따뜻한 손길을'이라는 타이틀 하에 김장하기, 연탄 배달 등과 함께 지역 사회의 다양한 복지 시설을 찾아 선물과 성금을 나눈다. 흔히 우리는 '기업의 사회적 책임^{Corporate Social Responsibility}'(이하 CSR) 또는 '사회 공헌' 활동하면 이러한 불우 이웃 돕기 행사 등을 떠올린다. 그러나 넓은 의미의 CSR은 윤리적 경영을 하고 있는지, 환경 파괴나 인권 유린 없이 제품을 생산·판매하고 있는지 등 보다 적극적으로 사회 발전에 기여하고자 하는 일련의 공익적 활동을 포괄하는 개념이다. 여기서 한 가지 의문이 생긴

기업이 생산 및 영업을 통한 이윤 창출 활동을 할 때 환경 보전과 소비자 보호, 지역 사회 발전을 비롯한 폭넓은 사회적 책임을 다해야 하는 것.

다. 기업의 목적은 이윤 창출 아니던가. 이러한 측면에서 보면 CSR 은 기업에게 부담이 될 수 있는 여지는 충분하다.

　유방암은 전 세계적으로 흔한 여성 암이다. 그러나 조기 발견만 한 다면 다른 암에 비해 생존율이 매우 높다. 미국 화장품 기업 에스티 로더 컴퍼니즈는 1992년부터 '핑크 리본 캠페인'을 통해 유방암에 대 한 다양한 연구와 교육, 의료 서비스를 지원하며 유방암 근절 운동의 선두주자로 자리매김해왔다. 화장품은 여성들의 아름다움을 가꾸기 위한 필수 아이템이다. 때로는 화장품 회사의 과한 광고가 외모지상 주의를 부추긴다는 지적을 받으며 여론의 뭇매를 맞기도 한다. 그런 데 이러한 화장품 회사의 역할이 단순히 외적인 아름다움을 가꾸는 것을 넘어서, 건강한 아름다움을 추구하는 것은 훨씬 더 의미 있고 가치 있는 일이다. 그런 측면에서 본다면 에스티 로더 컴퍼니즈는 좀 더 넓은 의미에서 여성의 삶의 질 향상을 위해 기업의 사회적 책임과 역할을 다하고 있다. 아디다스는 스포츠 브랜드답게 스포츠 아이덴 티티를 살린 CSR 활동을 한다. '아디다스 마이드림 FC'를 운영하며 스포츠를 접하기 힘든 지역의 국내 청소년들에게 정기적으로 전문적 인 스포츠 교육을 제공한다. 아디다스도 마이드림 FC를 론칭하기 전 에는 소외 이웃들을 위한 김장 봉사, 시설 방문과 같은 전형적인 CSR 프로그램을 운영했다. 물론 형식이 달라도 따뜻한 마음을 전하 는 것 자체가 중요한 의미가 있다. 그러나 기업의 가치와 철학이 녹 아든 프로그램이 사람들에게 좀 더 진정성 있게 와닿을 수 있다. 이 부분을 고려하면 이전 프로그램 내용은 본업의 본질을 충분히 살리지 못했다는 점에서 아쉬움이 있었다. CSR 프로그램은 기업의 본업과 연결된 활동을 통해 높은 시너지 효과를 창출할 수 있을 뿐만 아니라, 한 단계 더 진화하고 발전할 수 있다.

반면에 네스프레소에서는 CSR 대신 '공유 가치 창출Creating Shared Value' (이하 CSV)이라는 다소 생소한 용어를 접하게 되었다. CSV란 기업이 수익을 창출한 후에 남은 이윤으로 사회 공헌을 하는 것이 아니라, 기업 활동 자체가 사회적 가치를 창출하면서 동시에 경제적 수익을 추구하는 것을 말한다. 우선 네스프레소 CSV에 대한 이야기를 하기 전에, 커피 생산지에 대해 잠깐 살펴보려 한다. 세계에서 가장 생산량이 많은 품종은 '아라비카' 커피이다. 세계 커피 시장의 약 60~70%를 차지하고 있다. 아라비카는 산미가 우수해 지난 수백 년간 소비자들의 전폭적인 지지와 꾸준한 사랑을 받아왔다. 그러나 특이하게도 야생의 아라비카 품종은 에티오피아와 남수단 2개국에서만 자란다. 주로 해발 1천~2천 미터의 고산 지대에서 생산되며 기후와 토양 등에 민감하게 반응해 재배가 까다롭다. 한국으로 치면 강화도에서만 맛볼 수 있는 보랏빛이 감도는 순무를 생각하면 이해가 쉽다. 순무도 다리를 건너 다른 지역에서 재배하면, 형태가 길게 바뀌는 것은 물론이고 강화도 순무 본연의 맛이 나지 않는다고 한다. 강화도의 질 좋은 토양과 거센 해풍 등 환경적 영향이 크기 때문이다.

지금은 오랫동안 지속됐던 남수단 내전이 종식되었지만, 내전 당시에는 많은 주민이 고향을 떠나 피란길에 올랐다. 전쟁이 끝나고 다시 고향으로 돌아왔을 땐 경작을 할 수 없는 황폐한 불모지뿐이었다. 네스프레소는 바로 이곳에서 커피 산업 재건을 위한 프로젝트를 시작했다. 양질의 커피를 재배하고 수확하기 위해 농민들의 생계를 지원했고, 현실적인 개선책을 마련했다. 시간이 지남에 따라 남수단 농부들은 그곳에서 안정적이고 꾸준한 수익을 창출할 수 있었다. 네스프레소 또한 최상의 품질을 가진 커피를 독점으로 공급받을 수 있게 되었으니 양측 모두에게 완벽한 CSV 모델이었다. 나는 네스프레소의 이런 빅픽처가 처음엔 그저 놀라웠다. 대의명분으로는 커피 농업의 유산을 보호하는 것이지만, 소비자 입장에서 보면 진귀한 커피 품종과 최상의 품질의 커피는 온전히 네스프레소를 통해서만 맛볼 수 있다. 즉, 소비자의 선택지는 네스프레소 한 가지밖에 없다. 1등인 데는 다 이유가 있는 법! 하지만 여기서 간과하지 말아야 할 사실은 간혹 CSV가 기업 지배 구조 측면에서 노동자의 인권 존중 등을 다루지 않는다는 것이 한계로 지적되기도 한다. 짐작건대 네스프레소 또한 이 문제를 가볍게 생각하지는 않을 거라고 본다.

이제까지 지속가능한 발전이 비용만 증가시키고, 경쟁력을 떨어뜨린다는 편견이 있었던 건 사실이다. 그렇지만 지속가능한 발전을 추구하는 경영 방식에 있어 CSR과 CSV 그리고 최근 ESG 경영 까지 어느 방향이 더 옳은 것인지 또는 무엇이 정답인지는 설불리 단정 지

기업의 비재무적 요소인 환경Environment·사회Social·지배 구조Governance를 뜻하는 말. 기업 활동에 친환경, 사회적 책임 경영, 지배 구조 개선 등 투명 경영을 고려해야 지속가능한 발전을 할 수 있다는 철학을 담고 있다.

을 수 없다. 개별 기업마다 처한 환경과 고려해야 될 변수가 모두 각기 다르기 때문이다. 누군가를 따라 하기보다 기업의 특성 및 역량, 전략 방향과 각 기업이 처해 있는 상황 등에 맞게 최선의 결정을 내리면 된다. 그러나 한 가지 분명한 것이 있다. 지속가능성과 수익성 사이의 상관관계를 따져보았을 때, 기업의 지속가능성은 비용을 감수해야 하는 대가를 치르거나 수익을 창출하고 기업의 경쟁력을 강화하는데 더 이상 걸림돌이 되지 않는다는 점이다.

서머셋 팰리스 레지던스의 차별성 :
"루프탑 파티는 정말 근사해요."

차별화된 자원으로 강점 극대화하기

　대학 졸업 후 첫 직장은 서머셋 팰리스 서울(이하 서머셋)의 마케팅 팀이었다. 서머셋은 싱가포르에 본사를 둔 세계적인 '서비스드 레지던스'(이하 레지던스) 운영사인 에스코트 사의 체인 중 하나로, 한국 시장에 첫 도전장을 내밀었다. 우리가 흔히 알고 있는 호텔과 비교했을 때 레지던스는 아파트처럼 주방 시설을 갖추고 있어 주거 공간의 성격이 강하다. 그러나 비즈니스센터, 피트니스센터 등의 부대시설과 조식, 청소, 세탁 등 호텔 서비스를 그대로 누릴 수 있다는 것이 차별화된 경쟁력이다. 즉, 집과 같은 편안함과 호텔식 서비스를 한 번에 즐길 수 있는 것이 레지던스의 가장 큰 장점이다.

　나는 정식 오픈 6개월 전부터 '오픈 멤버'로 입사했다. 호텔 업계에서 오픈 멤버라는 타이틀은 특별하다. 이미 영업 중인 호텔에 비해,

신규로 오픈하는 호텔에서 근무하는 것이 2배 이상 힘들다는 게 업계의 정설이기 때문이다. 하나부터 열까지 백지 상태에서 시작해야 하므로 호텔 업계에서는 오픈 멤버 경력을 높게 평가한다. 나는 호텔경영학 전공도 아니라 모르는 게 너무 많았고, 시행착오는 셀 수 없을 정도였다. 험난한 앞길이 예고되어 있었다. 외국계 기업에 대해 조금이라도 더 유익한 정보를 얻고자 갔던 외국인 투자 기업 채용 박람회를 통해 이렇게 호텔리어로 사회생활의 첫걸음을 내딛게 되었다. '운명은 아무도 모른다.'

그 당시 서머셋이 지리적 위치가 끝내주는 광화문 한복판에 문을 열자, 한동안 세간의 이목이 집중되었다. 뷰가 좋은 객실은 경복궁, 청와대, 북악산과 인왕산을 한눈에 담을 수 있다. 그래서 경복궁의 영문 표기 Gyeongbokgung 'Palace'에 착안해 서머셋 '팰리스'라는 이름을 짓게 됐다. 흔히 사람들은 호텔을 선택할 때 위치를 최우선으로 고려한다. 그래서 호텔을 건립할 때도 입지가 중요한 요인으로 작용할 수밖에 없다. 호텔은 거액의 비용이 소요되는 '장치 산업'이기 때문에, 한번 지으면 이전이 힘들 뿐만 아니라 하드웨어를 변경하는 것도 힘들다. 완공한 후에는 단순히 마음에 안 든다고 갈아엎을 수도 없는 일이다.

예전엔 호텔을 떠올리면, 특별한 사람들만 드나드는 곳이라고 생각했다. 그만큼 상류층의 전유물이라는 인식이 강했다. 그러나 과거와

인력을 그다지 사용하지 않고 대규모의 설비로 일관하여 생산하는 산업.

달리 호텔 문턱이 낮아지면서 호텔을 좀 더 합리적으로 이용하는 고객들이 늘어나기 시작했다. 자연스럽게 시장 경쟁도 치열해졌다. 호텔마다 더 많은 고객을 유치하기 위해 안간힘을 썼고, '차별화된 콘텐츠'를 선보이기 위해 앞다퉈 경쟁했다. 흔히 호텔의 차별화된 콘텐츠라고 하면 고객 맞춤형 서비스나 숙박 패키지를 떠올리기 쉽다. 그러나 앞서 언급한 것처럼 호텔은 준공되면 리뉴얼 전까지 하드웨어를 바꾸기 힘들다. 그래서 일단 장치 산업의 특성을 십분 살리는 것이 무엇보다 중요하다. 국내에 처음 진출한 서머셋의 차별화된 하드웨어 콘텐츠는 '루프탑 수영장'이었다. 쉽게 말해서, 옥상 수영장이다. 지금이야 흔해진 루프탑 수영장이지만 당시만 해도 센세이셔널한 공간으로는 유일했다. 신문사마다 취재 열기가 대단했고, 나는 각종 매체의 취재 요청과 행사 문의로 바쁜 나날을 보냈다.

서울 시내에 옥상 정원이 있는 곳이 흔하지 않았을 때라 서머셋의 루프탑은 꽤 인기가 높았다. 투숙객들이 만족스러운 휴식을 즐길 수 있는 편의 시설로, 크고 작은 프라이빗한 파티 장소로 독보적인 인기를 누렸다. 요즘 말로 하면 '소셜 베뉴'인 셈이다. 전망 좋은 옥상에서 가든파티를 즐기는 장면을 생각해 봐라. 마치 동화책 속 비밀의 화원에 온 것 같은 광경이 펼쳐진다. 우리나라에 파티라는 사교 문화가 본격적으로 자리 잡은 지 얼마 되지 않았을 때라, 생각해 보면 나에게는 모든 게 새로웠던 경험이었다.

---

* social venue 유럽의 대도시에서 상류층이 모여 파티·웨딩·전시·공연 등의 문화를 교류하는 트렌디한 공간.

지금은 워낙 컨셉이 독특한 건축물이 많이 생겨나서 어디 가서 루프탑 수영장으로 명함도 못 내민다. 싱가포르에 마리나 베이 샌즈는 이스라엘 출신의 세계적인 건축가 모쉐 사프디가 두 장의 트럼프 카드가 서로 기댄 모양에서 영감을 받아 디자인한 건축물이다. '21세기 건축의 기적'이라 불리는 마리나 베이 샌즈의 스카이파크에는 무려 150미터 길이의 인피니티풀이 광활하게 펼쳐져 있다. 세계에서 가장 큰 루프탑 수영장으로 무려 150만 리터의 물을 담고 있다고 하니 웅장한 규모감에 압도된다. 싱가포르의 상징이 되어 버린 마리나 베이 샌즈는 싱가포르를 방문하는 사람이라면 누구나 한 번쯤 가보고 싶어 하는 세계적인 관광 명소가 되었다. 이렇듯 눈에 띄는 특색 있고 차별화된 상징물은 지속적으로 신규 고객을 유입하고 수익을 창출하는데 기여할 수 있다.

'무엇을 차별화할 것인가?' 차별화는 모든 마케터들에게 피할 수 없는 과제이다. 나도 매 순간 스스로에게 묻고 또 묻는다. '우리 브랜드와 제품은 남들과 무엇이 다른가?' 이에 앞서 무엇보다 중요한 한 가지. 고객이 원하는 차별적 가치를 만들어내기 위해서는 자신의 강점은 물론 약점도 잘 알아야 한다. 그래야 합리적인 판단이 가능하다. 우리에게 주어진 시간과 에너지는 한정적이다. 모든 약점을 전부 다 고칠 수는 없다. 대세에 지장을 주지 않는 사소한 약점이라면 과감하게 패스하고, 강점을 더 강화해서 경쟁력을 충분히 발휘하는데 집중해야 한다. 서머셋의 경우 초기 단계에 부수적인 가치들 대신에, 자사를 경쟁 업체들과 차별화시키는데 효과적인 물리적 강점에 더 집중했다. 이를 통해 서머셋만이 가진 색깔을 분명히 하는 것은 물론 시장 내 위치를 견고히 다질 수 있었다.

그러나 단지 차별화에 성공했다고 해서 곧바로 안심하기에는 이르다. 시장에서 경쟁자들을 압도적으로 이긴다는 건 생각만큼 쉽지 않다. 레지던스나 호텔의 경우 처음엔 하드웨어 즉, 남들이 가지지 못하는 물리적 특성을 내세워 차별화에 성공했다면 이제 그다음 단계를 준비해야 한다. 참고로 레지던스도 유형상 호텔과 같은 숙박 시설로 분류되기 때문에 건물 자체가 하나의 상품이다. 그래서 고객이 있든 없든 인건비, 시설물의 유지관리비 등 고정 비용이 많이 든다. 이러한 이유로 안정적인 수익 창출을 꾀하는 것이 무엇보다 중요하다. 이를 위해 서머셋은 장기 투숙 고객 비율을 높이기 위해 기업 고객 대상 세일즈에 집중했다. 이는 비즈니스 특성상 장기 해외 출장 임직원이 많은 기업을 타깃으로 객실 판매 촉진에 주력하는 것을 말한다. 개인이 호캉스를 목적으로 호텔에 투숙할 경우 1박이 대부분이다. 그러나 비즈니스 목적일 경우 월 단위부터 년 단위까지 투숙 기간이 상대적으로 길다. '레지던스나 호텔이나 그게 그거 아닌가?'라는 생각을 가질 수 있지만 확실히 업무상 오랜 기간 타지에서 머무를 경우 집과 같은 편안함이 중요한 선택 요인으로 작용한다. 레지던스는 주방 시설을 갖추고 있어 웬만한 음식은 객실에서 뚝딱 만들어 먹을 수 있다. 이는 레지던스 본연의 특징 중 최대 장점으로 꼽힌다. 서머셋은 첫째, 남다른 피지컬, 즉 차별화된 하드웨어, 둘째, 집과 같은 편안함을 주는 레지던스 본연의 특징, 마지막으로, 특히 해외 비즈니스맨들을 대상으로 삭막한 서울 도심에서 한국 고유의 정취를 느낄 수 있는 환경적 특성 덕분에 안정적으로 사업을 운영할 수 있는 기반을 마련할 수 있었다. 마음만 먹으면 갈 수 있는 가까운 곳에 고즈넉한 경복궁이 있다니… 생각만 해도 숨통이 트인다.

하지만 시간이 지나면 차별화의 효력도 점차 약화되기 마련이다. 즉, 약발이 떨어진다. 그다음은 소프트웨어 즉, 고객 맞춤형 서비스 등을 통해 그 누구보다 먼저 '새로운 기준'을 제시하고 고객의 심리적 필요를 만족시켜야 한다. 그리고 고객과 적극적으로 소통할 필요가 있다. '정말 좋은데 어떻게 설명할 방법이 없네.' 정말 좋으면 고객에게 제대로 어필해야 한다.

최고의 회사들은
'새로운 방식'을 두려워하지 않는다

비하인드 에피소드

2017년 나의 인생 드라마는 tvN에서 방영했던 《이번 생은 처음이라》였다. 새로운 회차가 공개될 때마다 내 마음을 대변이라도 하듯 가슴을 후벼 팠다. 이 에피소드를 쓰면서 대사 하나가 문득 떠올랐다. '잠시 잊고 살았다. 이번 생도, 이 순간도 다 한 번뿐이라는 걸…' 주된 내용은 두 사람을 중심으로 한 연애와 결혼에 대한 이야기였지만 그 당시 나는 미래에 대한 불안감에 휩싸여 있었고 어느 때보다 혼자만의 고민이 많았던 시절이었다. 그래서일까. 연애보다는 인생에 관한 명언으로 대사 하나 하나가 마음에 콕콕 박히는 기분이 들었다.

우스갯소리로 '1등만 기억하는 더러운 세상'이라고 하지 않나. 심지어 사랑조차도 첫사랑만 추억한다. 두 번째, 세 번째, 네 번째 사랑이 첫사랑보다 훨씬 더 좋은 추억으로 남았을 수도 있는데 말이다. 물론 세월의 흐름과 기억력 감퇴로 이젠 기억조차 가물가물한 건 매한가지다. 흔히 사람들은 더 나은 것을 기억하는 것이 아니라 최초를 기억한다고 한다. 마케팅 일을 하면서 항상 '처음'이라는 것에 집착했던 것 같다. 소비자의 마음속에 처음으로 자리매김 하기 위해서 새로움으로 똘똘 뭉친 콘텐츠와 새로운 방식의 커뮤니케이션을 통해 소비자와 긴밀한 관계를 구축하고 싶었다.

몇 년 전 올림픽 공원 88 잔디 마당에서 '힐링 트레이닝 파티'를 컨셉으로 마이걸스 서울#mygirls Seoul 이벤트를 진행했을 때의 일이다. 우먼스 캠페인의 피날레를 장식하는 역할이었는데 배정된 예산이 턱없이 부족했다. 어쨌든 한정된 예산 범위 내에서 운영되어야 하다 보니 준비하는 내내 엄청나게 예민했던 기억이 난다. 어떻게든 비용을 줄이기 위해 아이디어를 쥐어 짜내야 했고, 고민에 고민을 거듭한 끝에 '뮤즈 인시티 페스티벌'이 유일한 해결책으로 제시되었다. 숟가락 하나 얹을 수 있는 비빌 언덕이 생긴 것이다. 뮤즈 인시티 페스티벌은 국내 최초 여성 뮤지션들만을 위한 음악 축제였는데 라인업이 짱짱했다. 음악 장르에 국한되지 않고 다양한 개성과 실력을 겸비한 리사 오노, 이효리, 레카, 한희정, 리사 해니건, 윤하, 요조 등이 함께 했다. 해당 공연 시간은 어차피 오후라 오전 중에는 특별히 88 잔디 마당을 사용할 일이 없었다. 우리가 그 빈 시간을 파고든 것이다. 타이밍이 예술이었다. 정말 운명이었던 건지… 국내 최초라는 것과 여성만을 위한 것. 이 두 가지 요소가 찰떡같이 딱딱 맞아 들어갔다. 이렇게 훌륭한 게스트들이 함께하는 후덜덜한 공연을 애프터 콘서트로 연결시킬 수 있다니 정말 너무 좋아서 제자리에서 방방 뛰고 싶은 심정이었다.

이벤트 당일에는 에프엑스의 크리스탈이 참석해 자리를 빛내줬고, 준비 운동도 매우 열심히 따라 해준 덕분에 국내 주요 포털 사이트 및 언론사에 마이걸즈 서울에 관한 기사가 실렸다. 이렇게 몸과 마음을 힐링할 수 있는 트레이닝 클래스는 성공적으로 끝이 났고, 사람들은 삼삼오오 흩어져 애프터 콘서트를 위해 자리를 잡기 시작했다. 그리고 무엇보다 중요한 포인트. 이벤트는 사건, 사고 하나 없이 잘 마무리 지을 수 있었다. 여담이지만 많은 사람들이 참여하는 대규모 행사다 보니 안전 문제로 인해 신경이 곤두서 있었고, 행사가 끝나갈 무렵 내 몸과 마음은 여느 때보다 만신창이가 되어 있었다.

힐링, 트레이닝, 그리고 파티까지… 지금 생각해보면 좋다는 건 모두 끌어와 컨셉에 쏟아 부었다. 몸에 좋다는 것은 다 들어있는 십전대보탕 같은 느낌이랄까. 그때 사회 전반적으로 힐링에 대한 관심이 높았던 터라 관련된 기사들이 봇물처럼 쏟아져 나오던 시기였다. 더불어 사람들이 건강 유지에 대한 관심이 슬슬 높아지기 시작하면서 러닝 붐이 한창이었다. 하지만 사람들에게 러닝은 익숙한 운동이었던 데 반해, 트레이닝 은 다소 생소하기만 했던 게 현실이었다. 트레이닝은 좀 더 넓은 개념으로 보면, 인터벌 트레이닝 부터 웨이트 트

운동 자극에 대한 인체의 적응을 이용하여 인체의 형태 · 기능을 보다 높은 수준으로 발육 · 발달시키는 계획적 과정.

interval training 높은 강도와 낮은 강도의 운동을 번갈아 하는 신체 훈련 방법.

지금껏 나만 몰랐던 마케팅 기술

레이닝, 유산소 운동, 댄스 등을 모두 아우른다. 우리는 이러한 트레이닝을 파티 형태로 풀어냈다. 이렇게 탄생한 최초의 트레이닝 파티를 위해 정적인 것과 역동적인 것, 완전히 성격이 다른 두 가지 프로그램을 기획했다. 하나는 오케스트라 연주와 함께 지친 몸과 마음에 안식을 줄 '마인드 바디 트레이닝'이였고, 다른 하나는 DJ의 핫한 일렉트로닉 퍼포먼스로 가슴속까지 짜릿해질 정도로 신나는 '다이내믹 트레이닝'이었다.

새롭게 무엇인가를 시도한다는 것은 또 다른 기회를 포착하고 만들 수 있다는 점을 의미한다. 물론 더 나은 기회가 될지, 예상 치에도 훨씬 못 미치는 수준이 될지는 아무도 모른다. 하지만 분명한 것은 하나다. 실수와 실패가 두려워 아무것도 안 한다면 '처음'을 만날 기회는 영영 없다. 물론 어쩔 수 없는 현실 때문에 주어진 대로 정해진 대로 받아들여야만 할 때도 있다는 건 누구보다 잘 안다. 그리고 새로운 시도를 하고자 할 때 불안이 엄습해 오는 건 너무나도 당연하다. 그래도 이렇게 두렵지만, 우린 막상 역할과 책임을 맡으면 또 해내지 않나. 어떻게든 해냈던 기억을 발판삼아 다시 도전해 보는 거다. '처음'이라는 기회는 언제나 단 한 번뿐이니까.

PART 2

아무도 모르는 변화는
의미가 없다

드라마틱한 변화일수록
소비자의 뇌리에 정확하게 꽂아라

편견을 넘어서야 비즈니스는 진보한다

아디다스에서 처음 맡았던 스포츠 종목은 축구였다. 축구는 세계에서 가장 인기 있는 스포츠이다. 그러나 30여 년이 넘는 세월 동안 한 번도 그라운드를 누빈 경험이 없던 나는 네이버를 통해 글로 배운 축구가 전부였다. 그렇게 진지하게 축구를 공부해본 건 처음이었다. 규칙과 용어를 하나하나 머릿속에 넣기 바빴고, 그때부터 축구 경기는 머리를 식히게 해주는 역할 대신 연구 대상이 되었다. 물론 아디다스와 스폰서십이 계약된 구자철 선수 덕분에 독일 프로 축구 분데스리가를 열심히 챙겨볼 수 있었고, 해외 축구에 새로 눈을 뜨게 된 것은 내가 얻은 가장 큰 수확이었다. 소개팅에 나가서 듣는 축구 이야기, 군대에서 한 축구 이야기가 지루하지 않았으니 말이다.

그렇게 몇 달이 흘렀을 때, 회사는 조직 개편을 단행했다. 그리고 나는 트레이닝 카테고리를 맡게 되었다. 지금과는 달리 2013년 전후에는 운동 마니아가 드물었고 웨이트 트레이닝, 몸짱 열풍이 불기 전이었다. 운동선수들 또는 소수의 사람만이 근육량을 늘리는 데 관심이 있던 시절이었다. 아디다스는 축구 선수 차두리를 내세워 '테크핏'이라는 기능성 의류를 선보였다. 쉽게 말하면, 전투력이 상승하는 스파이더맨의 신축성 있는 스판덱스 재질의 슈트와 같다. 흔히 우리가 말하는 '쫄쫄이' 형태라, 몸에 착 밀착되어 근육을 잡아줘 운동 능력을 향상시켜 준다. 그러나 그때만 해도 남자들이 몸에 딱 달라붙는 옷이 익숙하지 않아 어색해서인지 판매 성적은 신통하지 않았다.

여성 전용 마케팅을 시작하다

좌충우돌하면서 새로운 업무에 적응할 무렵, 독일 본사에서는 여성 소비자를 타깃으로 트레이닝 카테고리를 강화하겠다는 전략과 함께, 우먼스 캠페인을 시작한다는 지침이 내려왔다. 그때만 해도, '스포츠는 남성의 전유물'이라는 인식이 강했던 터라, 이제 여성을 대상으로 어떤 이야기를 펼쳐 나갈지 무엇보다 궁금했다. 몇 달 뒤인 3월 8일은 '세계 여성의 날 '이었다. 그때 세계 여성의 날이 있다는 사실도 처음 알았다. 우리는 '올 인 쏘 마이걸즈all in for #mygirls'라는 캠페인 타이틀 아래, 세계 여성의 날에 맞추어 대대적인 론칭을 준비하기 시작했다. 여성 소비 시장을 확대하기 위한 다양한 마케팅 자료와 TV, 온라인 광고용 이미지와 동영상 콘텐츠 등이 우리 팀에

1908년 열악한 작업장에서 안타깝게 화재로 숨진 여성들을 기리며 미국 노동자들이 궐기한 날이다. 그리고 1975년 UN에서 세계 여성의 지위 향상을 위하여 공식 기념일로 제정했다.

전달되었다. 아디다스에서 근무하면서 좋았던 점 중의 하나는 독일 본사에서 보내오는 깊이 있는 자료들을 접할 기회가 많다는 것이었다. 때로는 방대한 자료 때문에 허덕이기도 했지만 지금 생각해 보면 다 피가 되고 살이 되는 거였다. 다른 나라 사람들이 가진 인사이트를 보는 재미랄까? 그러나 한 가지, 외국계 기업에 근무하는 직장인이라면 공감하겠지만 영어를 자유자재로 사용할 수 없다면 접할 수 있는 정보가 많지 않다. 문서 대부분이 영어로 되어 있기 때문이다. 그래서 나도 신입사원 시절부터 직장 생활 내내 영어 공부를 손에서 놓지 않았다.

자료를 꼼꼼히 살펴보니 캠페인 방향성이 명확했다. 이와 더불어 소비자의 호기심을 자극하고 관심을 끌 수 있는 내용이 많았다. 사람들의 이목을 사로잡기에 충분하다고 판단하니, 한번 해볼 만하다는 생각이 들었다. 그런데 가장 큰 문제는 영문 캠페인 슬로건 '올 인 포 마이걸즈all in for #mygirls'를 어떻게 한국어로 더 '와닿게 번역해서 표현하는가'였다. 한국어 번역으로 운명이 바뀌어 버린 다양한 외국 영화 사례만 보더라도 이게 얼마나 중요한 사안인지 알 수 있다. 예를 들어, 《그 여자 작사 그 남자 작곡》의 원제는 'Music and Lyrics (음악과 가사)'였다. 단순히 직역해서 '음악과 가사'라는 영화 제목으로 개봉했다면, 너무 무미건조해서 사람들은 달콤한 로맨틱 코미디라는 사실을 가늠하기조차 힘들었을 것이다. 이렇듯 번역의 힘은 크다. 물론 《어벤져스Avengers》처럼 영문 표기된 발음 그대로 사용하는 경우는 별개의 문제다. 우리 팀 또한 이 문제 때문에 광고 대행사와 얼마나 오랜 시간 고민했는지 모른다. 결국 '올 인 포 마이걸즈' 영어 발음 그대로 가는 것을 놓고 막판까지 고민하다가, 영어가 모국어가 아닌 한국 소비자들에게 공감을 불러일으키기 힘들 거라고 판단했다. 고민 끝에 최종 선택한 것은 '함께하면 달라질 거야, 마이걸즈'였다. 즉, "같이 운동하면, 외롭지 않고 더욱 힘이 날 거야."라는 말이기도 했다.

그다음 고민은 여성 타깃의 눈높이에 맞는 커뮤니케이션이었다. 대학생의 관심사와 직장인의 관심사는 다르다. 대학생들의 최대 관심사는 취업이다. 취업만 하면 모든 것이 저절로 해결될 것으로 기대한다. 어려운 취업 관문을 뚫은 직장인에게 또 다른 새로운 고민거리가 생긴다는 사실을 알지 못한다. 직장인들의 최대 관심사는 저녁이 있는 삶이다. 많은 직장인이 퇴근 후 개인 취향과 취미에 따라 여가 활동을 즐기고 싶어 한다. 그래서 우리는 타깃 특성에 맞게 콘텐츠를 기획했다. 대학생들에게는 학업 스트레스를 한 방에 날려줄 일렉트로닉 댄스 뮤직^{EDM}과 디제잉, 사이키 조명까지, 클럽을 방불케 하는 분위기 속에서 함께 땀 흘리며 운동할 수 있는 '마이걸즈 캠퍼스 #mygirls campus'를 제안했다. 그리고 여성 직장인을 대상으로는 스타일링 클래스와 운동 프로그램을 함께 넣은 '마이걸즈 클래스 #mygirls class'를 기획했다. 여성들은 피트니스 센터에서 나눠주는 헐렁한 반팔 티셔츠와 반바지를 좋아하지 않는다. 일상복처럼 운동복도 스타일리시하게 입고 싶다는 의지가 강하다. 그래서 스타일링 클래스를 통해 센스 있게 운동복을 고르고 스타일링 하는 노하우를 소개했다. 이왕에 입는 옷, 잘 입으면 좋지 않나. 노력 여하에 따라 사람은 얼마든지 달라질 수 있다.

예나 지금이나 소비자와의 접점에서 '생생한 브랜드 경험'을 제공할 수 있는 마케팅은 매우 중요하다. 타깃 소비자가 어떻게 하면 브랜드를 긍정적으로 경험케 할지 깊게 고민하고 스토리를 설계해야 한다. 브랜드가 곧 소비자고, 소비자가 곧 브랜드이기 때문이다. 결국 한 개인의 일상 속에서 브랜드의 의미와 가치가 전달될 수 있어야 한다. 이렇게 마케팅은 소비자들의 삶 곳곳에 밀접하게 파고 들어가 있다. 여기서 한 가지 염두에 두어야 할 점은 소비자에게 좀 더 '진정성' 있게 다가가야 한다는 것이다. 냉정하게 들릴지도 모르겠지만 사람들은 자신과 아무런 상관이 없는 이야기에 좀처럼 흥미를 느끼지 못한다. 소비자들이 강하게 반응하는 건 나와 관계없는 먼 이야기가 아니라, 진정성 있는 '내 이야기'이다.

이렇게 늘 새로운 생각으로 앞서가는 마케팅은 내 삶에 큰 자극이 된다. 하지만 그 마케팅 계획을 소비자들이 쉬는 주말에 실행해야 한다는 게 함정이다. 마음의 여유가 있을 때 지갑도 함께 열리는 법. 그래서 학생, 직장인 할 것 없이 모두 마음의 여유를 찾을 수 있는 토요일 오전. 우리는 함께 모여 운동하는 '마이걸즈 새터데이 #mygirls Saturday'를 기획했다. 나도 평일 내내 열심히 살았는데, 토요일까지 일을 해야 한다니 상상만으로도 힘들었다. 그러나 프로젝트 성공을 위해 나는 당분간 여유로운 토요일을 머릿속에서 지웠다. 나의 토요일을 포기한 대신, 소비자들이 매주 토요일 용산 가족 공원의 푸른 잔디 위에서, (사실 이 장소는 뉴욕 맨해튼의 심장부인 센트럴 파크에서 요가를 하는 뉴요커들을 상상하면서 선택한 장소였다.) 경복궁과 광화문 일대가 한눈에 내려다보이는 호텔 루프탑 가든에서 그리고 미술관에서… 평소에 쉽게 접해보지 못하는 장소에서 운동을 할 수 있는 특별한 기회를 제공했다. 이와 같이 브랜드가 자연스럽게 소비자들의 일상 속으로 침투해 마음속으로 깊게 천천히 스며드는 과정은 무엇보다도 중요하다. 서로의 마음속에 온기가 스며들게 하는 사람과 사람 사이의 관계처럼 말이다. 정도 갑자기 생기는 게 아니지 않나. 이렇듯 소비자들이 건강한 에너지를 주고받으며 즐길 수 있는 장은 마련했지만, 나는 수면 부족과 소화 불량으로 한동안 고생을 해야만 했다. 이건 여담이지만 그때는 가뿐한 마음으로 토요일을 맞이할 수 없는 것 자체가 너무 싫었다. 한창 놀고 싶어 하는 30대였으니까….

성공은 편견을 넘어선 자의 것

사람은 아는 만큼 보인다고 했던가. 나도 우먼스 트레이닝을 담당하기 전까지는 운동할 때 위아래 트레이닝복 하나면 만사 오케이라고 생각했다. 그러나 일명 '쫄바지'라고도 불리는 신축성 있는 소재로 된 레깅스와 브라 톱을 입으면, 몸의 세밀한 움직임을 내 눈으로 직접 확인할 수 있다. 그 사실을 알게 되면서 레깅스를 입을 용기가 생겼다. '앗, 몸매가 그대로 드러나서 너무 부담스러운 거 아니야?'라는 생각보다는, 운동할 때 근육의 미세한 움직임을 느낄 수 있어서 더 좋았다.

만약 아디다스가 '스포츠는 남성의 전유물'이라는 편견 때문에 남성 시장만을 공략하기 위한 전략을 고수했다면 어땠을까? 아디다스는 여세를 몰아 매장 내 차별화된 우먼스 존을 구성하며 2013년 3분기 매출 규모는 전년 동기간 대비 약 50% 이상 성장했다. 한국문화관광연구원이 조사한 '국민생활체육 참여실태조사' 내용을 보면 2012년 여성의 생활체육 참여율(주 1회 이상, 1회 운동 시 30분 이상)은 40%, 2015년 53.8%를 기록했다. 그리고 2018년 처음으로 여성의 비율(62.8%)이 남성(61.6%)을 추월했다. 실제로 헬스, 요가, 필라테스, 러닝 등 다양한 운동을 즐기는 여성이 증가하면서 애슬레저 시장이 가파른 성장세를 보이기 시작했다. 그동안 시장을 선도하던 나이키, 아디다스 등 스포츠 브랜드 뒤를 이어, 2015년 '요가복의 샤넬'로 불리던 룰루레몬(캐나다)이 국내에 진출하면서 본격적으로 여성 운동복 시장이 가열되기 시작했다. 로나제인(호주), 아보카도(미국), 이지요가(영국) 등 수입 브랜드에 이어 뮬라웨어, 안다르, 젝시믹스 등 국내 브랜드까지 가세하며 치열한 경쟁을 예고했다.

여기서 많은 브랜드 중 룰루레몬의 행보는 특히 눈에 띈다. 룰루레몬은 스토어 매니저의 기업가 정신entrepreneurship을 강조하며 스토어를 하나의 근거지로 삼고 기지처럼 활용한다. 예를 들어, 매장 내 별도

---

athleisure 애슬레틱(athletic, 운동 경기)과 레저(leisure, 여가)의 합성어로 가벼운 운동을 하기에 적합하면서 일상복으로도 편히 입을 수 있는 옷을 일컫는다.

공간에서 각 지역의 앰버서더와 함께 단단한 커뮤니티를 구축해 나 간다. 앰버서더들은 자신의 경험을 나누고 커뮤니티에 참여한 소비 자들은 자연스럽게 룰루레몬 제품을 접하거나 추천을 받는다. 브랜 드를 보다 깊게 알아가는 기회를 통해 브랜드와 소비자 사이에 유대 감과 소속감을 만들고 강력한 결속력을 다지는 것이다. 현재 룰루레 몬은 요가복에 안주하지 않고 라이프스타일웨어로 제품 영역을 확대 해 나가며, 계속해서 새로운 도전을 이어나가고 있다.

'변하지 않으면 도태된다.' 아디다스는 여성을 사로잡을 수 있는 전 략과 콘텐츠를 고민했고, 세상의 중심에서 여성을 외쳤다. 이러한 과 정을 통해 아디다스는 여성들의 전폭적인 지지를 받을 수 있었다. 결 과적으로 여성 스포츠웨어 수요가 폭발적으로 늘어남에 따라 시장에 성공적으로 안착했다. 과거와 달리, 운동이 자기 관리 능력의 상징이 된 것도 큰 요인으로 작용했다. 요즘 인스타그램에서 가장 많이 볼 수 있는 해시태그가 '#운동스타그램'이다. 이제 남녀 상관없이 모두 체력과 건강 관리에 관심을 가지고 적극적으로 투자한다. 이들을 일 컬어 '덤벨 소비자'라고 부른다. 이러한 소비자들 덕분에 남녀 운동 복 시장 모두 드라마틱한 성장이 가능했다. 이렇듯 편견을 두려워하 지 않으면, 한 단계 더 올라서서 성장하고 진보할 수 있다. 성공은 '편견을 넘어선 자'의 것이다.

무게 조절이 가능한 아령.

불확실한 비즈니스 환경에서 확실한 메시지 전달하기

'지피지기백전불태'라 했다. 상대편과 나의 강점과 약점을 충분히 알고 승산이 있을 때 싸움에 임하면 이길 수 있다는 말이다. 스포츠 브랜드의 양대 산맥 나이키와 아디다스. 아디다스에서 일한 지난 몇 년간 나이키가 어디에 선택과 집중을 해서 마케팅을 하는지, 나는 나이키의 움직임에 늘 촉각을 곤두세웠다. 솔직히 말하면 나이키가 은근히 부러울 때가 많았다. 전혀 예상하지 못했던 새로운 것을 생각해 내고 그것을 실행할 때… 그리고 더 나아가 괄목할만한 성과를 보여줄 때마다 나이키는 부러움의 대상이었다.

1988년 광고 대행사 위든 앤 케네디가 만든 'Just Do It' 슬로건은 지금의 나이키를 있게 만들어준 장본인이라고 해도 과언이 아니다.

知彼知己百戰不殆 상대를 알고 나를 알면 백 번 싸워도 위태롭지 않다는 뜻.

이 거대한 슬로건 하에 한국에서는 '승리의 룰은 단 하나, 즐기면 된다', '너를 외쳐봐', '미친 존재감', '너라는 위대함을 믿어'와 같은 다양한 캠페인을 진행했다. 나이키 캠페인은 단기간에 버즈 를 만들어낸다. 마케터라면 격하게 공감할 것이다. 사람들 사이에 회자되는 것이 얼마나 어려운 일인지. 수십 년 동안 나이키는 심플하지만 강력한 'Just Do It'이라는 '세계관'을 고수해 왔다. 나이키는 'Just Do It'을 자신들의 '만트라 '라고 부른다. 일종의 '마법의 주문'인 셈이다.

브랜드에게 이러한 '세계관'이 얼마나 중요한지 방탄소년단의 예를 들면 이해가 쉽다. 방탄소년단은 진심을 담은 음악으로 팬들을 감동시키고, 그와 동시에 방대하면서도 정교한 '방탄 세계관BTS Universe'의 거대한 스토리라인을 구축해 왔다. 월 스트리트 저널은 방탄소년단의 성공 스토리를 다룬 기사에서 이들의 성공 요인을 '견고한 세계관'이라고 보도했다. "방탄소년단처럼 탄탄한 세계관을 바탕으로 노래를 내놓은 것은 세계적으로 찾기 힘들다."고 분석했다. K팝 아이돌의 세계관은 하나의 그룹이 앨범과 뮤직비디오 등에 담은 스토리텔링의 집대성이다. 앨범마다 짧은 스토리를 내놓아 거대한 서사를 완성해가는 세계관 전략은 신규 팬을 유인하는 동시에 기존 팬의 충성도를 강화하는 역할을 한다. 방탄소년단 외에도 팬들의 뜨거운 사랑을 받

고객이 특정 제품이나 서비스에 열광하는 반응을 나타낸다.

산스크리트어로 남자에게 은혜·축복을 주고 자신의 몸을 보호하며, 정신을 통일하기 위해서 또는 깨달음의 지혜를 획득하기 위해서 외우는 신비적인 위력을 가진 언사. 마케팅에서 특정 브랜드가 가지고 있는 고유의 핵심 가치를 의미한다.

았던 아이돌 그룹들을 보면 이런 '세계관'을 탄탄하게 구축한 이들이 많다.

나이키의 'Just Do It', 방탄소년단의 '방탄 세계관'과 같은 '브랜드 만트라'와 관련해서 브랜드 분야의 세계적 석학, 다트머스 대학교의 케빈 켈러 교수는 '변함없는 브랜드 포지셔닝의 정수와 정신'이라고 정의한 바 있다. 좀 더 깊게 들어가 보면 브랜드 만트라는 단순히 슬로건만을 의미하지는 않는다. 비즈니스가 나아가야 할 방향과 목표를 명확하게 제시해 주고, 더 나아가 조직 구성원 모두가 내재화해서 공유하고 실천해야 하는 핵심 가치를 말한다. 이렇듯 나이키는 브랜드에 대한 '제대로 된 방향'을 설정했고, '올바른 방향'을 향해 순항하고 있다.

불가능, 그것은 아무것도 아니다

그렇다면 아디다스는 어떨까? 우리가 지금도 기억하는 아디다스의 브랜드 캠페인 슬로건은 'Impossible Is Nothing(불가능, 그것은 아무것도 아니다)'이다. 이 슬로건은 아디다스를 스포츠 브랜드로써의 정체성을 명확하게 천명하는데 기여했다. 이때 무하마드 알리를 비롯해서 마라톤 선수 하일레 게브르셀라시에, 축구 선수 데이비드 베컴과 NBA 스타 트레이시 맥그레이디 등 총 22명의 스포츠 선수들이 캠페인에 참여했다.

강력한 메시지 'Impossible Is Nothing'은 미국의 전설적인 권투 선수이자, 스포츠 역사상 가장 위대한 인물 중 한 명으로 손꼽히는 무하마드 알리로부터 시작됐다. 수많은 캠페인 영상 중 그 어느 것보다 뇌리에 강하게 꽂혔던 영상은 절묘한 컴퓨터 합성으로 무하마드 알리와 그의 딸 라일라 알리가 함께 링에 서는 모습이었다. 이 장면은 소니 리스턴과의 대결을 떠올리게 한다. 세계 헤비급 챔피언 소니 리스턴과의 대결을 앞둔 복서 무하마드 알리 (당시 이름은 캐시어스 클레이). 사람들은 모두 소니 리스턴의 승리를 점쳤지만, 경기를 앞둔 기자 회견에서 무하마드 알리는 소니 리스턴을 화성 너머 목성까지 날려버리겠다는 말과 함께 '나비처럼 날아서 벌처럼 쏜다!'라고 호기롭게 큰소리쳤다. 결국 무하마드 알리는 7라운드 TKO 승으로 소니 리스턴을 꺾고 이변을 일으키면서 챔피언이 됐고, 새로운 복싱 영웅의 탄생을 알렸다.

불가능은 사실이 아니다. 하나의 의견에 지나지 않는다.
사람들은 말했다. 여자는 권투를 할 수 없다고.
나는 그들의 말을 믿지 않았다.
나는 해냈다.
나는 링 위에 섰다.
내 아버지 알리의 외침이 들려온다.
싸워라, 내 딸아. 넌 할 수 있어.
불가능, 그것은 아무것도 아니다.

float like a butterfly, sting like a bee

technical breakout 권투에서 두 선수의 기술 차이가 현저하게 나거나 부상으로 인해 시합을 계속 할 수 없을 때 심판이나 주심이 시합을 중단하고 승패를 결정하는 것을 말한다.

한국에서 방영된 TV 광고의 보이스오버 내레이션은 자이르(현재 콩고민주공화국)에서 열린 세계복싱협회(WBA), 세계복싱평의회(WBC) 헤비급 통합 챔피언 소니 리스턴과의 빅 매치에 대한 이야기 대신, 여자 프로 복싱 세계 챔피언인 라일라 알리의 이야기에 더 집중했다. 라일라 알리 또한 아버지의 명성을 이으며 복싱 역사에 전무후무한 기록을 세워왔다. 복싱은 더 이상 남성들의 전유물이 아니다. '불가능, 그것은 아무것도 아니다'라고 복서인 딸이 세계 복싱 챔피언 아버지에게 읊조리는 메시지. 이 메시지는 대학 시절 광고 대행사 AE가 되는 게 꿈이었던 나에게도 깊은 울림을 주었다. 이렇듯 잔잔하지만 묵직한 여운을 주는 브랜드 메시지는 소비자를 감동시킬 뿐만 아니라, 강력한 공감을 불러일으킬 수 있다.

아디다스는 12~24세 타깃 소비자에게 새로운 브랜드 메시지를 담은 광고를 선보였고, 3억 이상의 임프레션 을 기록했을 뿐만 아니라, 영상은 5백만 회 이상 스트리밍 되었다. 또한 1백만 명 이상이 캠페인 사이트를 방문하는 기염을 토하며 폭발적인 반응을 끌어냈다. 그 당시 Yahoo!와 MSN.com에서 가장 성공적인 캠페인 페이지로 꼽혔을 정도였다. 또한 다이내믹 로직^{Dynamic Logic} 리서치 방법을 통해 도출한 분석 결과를 살펴보면 온라인상의 브랜드 인지도를 24%까지 끌어올렸다. (출처: Mobile Marketing Association(MMA)) 엄청난 광고비로 오랜 기간 지속적으로 소비자들에게 광고를 노출시킴으로써 광

---

impression 광고가 사용자에게 1번 보이는 경우를 1 임프레션(1회 노출)이라 한다.

고 도달률을 높일 수는 있다. 그러나 광고 상기도를 높여 브랜드 인지도를 향상시키는 것은 쉽지 않다. 우리의 기대와는 달리 소비자의 기억력은 그다지 좋지 않다는 사실을 명확히 인지해야 한다. 그럼에도 불구하고 'Impossible Is Nothing' 캠페인은 그야말로 게임 체인저였다.

브랜드 캠페인의 새로운 판을 짜다

이렇게 선발 주자가 소위 대박을 터뜨리고 나면 강력한 경쟁 무기를 갖춘 후속 주자를 내기가 여간 쉽지 않다. 선택은 둘 중 하나뿐. 선발 캠페인 타이틀을 그대로 유지하거나 완전히 새로운 후속 캠페인을 선보이는 것이다. 'Impossible Is Nothing' 브랜드 캠페인 이후로 잠잠했던 아디다스. 그러던 중 독일 본사로부터 새로운 브랜드 캠페인 'all adidas'를 전 세계 동시에 론칭한다는 지침을 받았다. 'Impossible Is Nothing'의 뒤를 잇는 아디다스 역사상 가장 큰 브랜드 캠페인이었다. 캠페인 슬로건은 'adidas is all in'. 이 영문 슬로건은 한국에서는 '열정, 그 하나로 올인'이라는 메시지로 재탄생했다. 'Impossible Is Nothing'이 스포츠 아이덴티티에 집중했다면, 'adidas is all in'은 '열정'을 키워드로 삼아 스포츠와 패션을 하나의 강력한 스토리로 엮어냈다. 스포츠와 패션 모두 집중하는 순간 응축된 에너지를 한 방에 뿜어낸다. 어느 분야에서든 진정한 프로들의 공통점을

game change 기존 시장에 엄청난 변화를 야기할 정도의 혁신적인 아이디어를 가진 사람이나 기업을 가리키는 용어.

찾으라면 자신의 일에 최선을 다하는 열정이 있다는 것이다. 광고 영상에는 축구 선수 리오넬 메시, 데이비드 베컴, NBA 스타 데릭 로즈, 팝 가수 케이티 페리와 아디다스 스케이트보딩 팀까지 세계 각지에서 활약하고 있는 다양한 분야의 아디다스 아이콘들이 참여했다. 2011년 한 해 동안 TV, 영화관, 공식 홈페이지, 유튜브, 페이스북 등 다양한 채널을 통해 콘텐츠를 공개했다.

그러나 아쉽게도 해당 캠페인은 사람들의 머릿속에 강렬하게 각인되지 못했다. 아디다스라는 이름 아래 스포츠, 음악, 패션, 문화, 라이프스타일 등 너무 많은 것을 한꺼번에 보여주려 한 것이 오히려 독이 된 듯했다. 브랜드의 다양한 스펙트럼을 '하나의 응집된 메시지'로 보여줬다고 생각했지만, 소비자들의 머릿속에 아무것도 남지 않았다. 아직도 사람들은 'adidas is all in' 대신 'Impossible Is Nothing'을 기억한다. 소위 브랜드 좀 안다는 주변 지인들에게 'adidas is all in'을 이야기할 때마다 그것을 기억하는 사람은 아무도 없었다. 분명 아디다스 역사상 최대 규모의 브랜드 캠페인이었는데 말이다. 그 당시 PR을 담당했던 나는 맡은 역할을 제대로 해내지 못한 셈이다. PR이 무엇인가. 원하는 정보를 널리, 잘 알려야 하는 것이다. 그런 의미에서 'adidas is all in'은 아디다스의 뼈아픈 실패였다.

심플함이 복잡함을 이긴다

소비자의 뇌리에 브랜드를 각인시키는 건 쉽지 않다. 예를 들어, 사람은 표정이나 옷차림, 행동 등을 통해 첫인상이 형성된다. 첫인상은 매우 짧은 시간에 형성되고, 한번 만들어진 첫인상은 시간이 지나도 쉽게 바뀌지 않는다. 브랜드도 마찬가지이다. 소비자에게 전달되는 메시지를 통해 브랜드 첫인상이 만들어진다. TV 광고라면 15초라는 짧은 시간 동안 시청자의 시선을 사로잡을 수 있어야 한다. 지금은 유튜브의 범퍼 광고 로 인해 6초의 미학으로 바뀌었지만 말이다. 주어진 짧은 시간 내에 이 제품을 왜 사야 하는지 소비자에게 분명한 이유와 명분을 제공해야 한다.

우리는 수단과 방법을 가리지 않고 소비자들의 기억 속에 최고의 브랜드로 각인되고 싶어 한다. 그러다 보니 가끔은 지나치게 욕심을 부릴 때가 있다. 그럴 때마다 '나'다움을 잃지 않는 데 집중해야 한다. 열망은 갖되 욕심을 내려놓는 것이다. 소비자는 아직 다양성을 인정하고 포용할 수 있는 마음의 준비가 제대로 안 돼 있을 수 있다. 아디다스의 사례를 살펴보았을 때 스포츠 DNA에 집중한 'Impossible Is Nothing' 대신, 스포츠를 뛰어넘는 브랜드의 다양성을 녹여낸 'adidas is all in'은 추진력을 잃어버렸다. 그 이후에도 영향력 있는 크리에이터들을 앞세운 브랜드 캠페인 'HERE TO CREATE(새로운 나를 만들다)'를 선보였지만, 소비자 반응은 다소 뜨뜻미지근했다. 비즈니스 환경은 순간순간 변화무쌍하게 바뀐다. 그래서 비즈니스에 정답은 없다. 그러나 'Simple is the best!' 심플함이 최소한 해답이 될 수

범퍼 광고 짧고 기억하기 쉬운 메시지를 사용하여 더 많은 고객에게 도달하고 브랜드의 인지도를 높일 수 있는 짧은 동영상 광고. 6초 동안 사용자는 광고를 건너뛸 수 없다는 게 가장 큰 특징이다.

있다. 꼭 기억해야 할 한 가지. 현란한 잽을 여러 번 날리는 것보다 기억을 지배할 강력하고 심플한 한 방의 훅이 필요하다.

여담이지만 원고 마무리 작업을 하던 2021년 4월 아디다스는 'Impossible Is Nothing'으로 소비자와 다시 소통하기 시작했다. 과거와 달라진 점은 '우리는 오직 가능성을 본다. 불가능, 그것은 아무것도 아니다.'로 긍정적 측면, 즉 '가능성'에 더 무게를 두고 있다. 아직 캠페인 초반이라 결과는 전혀 알 수 없지만 과거의 성공적인 명성을 되찾길 응원해 본다.

지금껏 나만 몰랐던 마케팅 기술

아디다스와 락포트의 컬래버레이션 :
"구두 신고 뉴욕 마라톤 완주!"

새로운 가치 창조에 영역의 경계란 없다

2019년 마라톤 마의 2시간 벽이 깨졌다. 아프리카 케냐 출신의 엘리우드 킵초게 선수가 오스트리아 빈에서 개최된 'INEOS 1:59 챌린지'에서 1시간 59분 40.2초의 기록으로 2시간 벽을 돌파했다. 영국의 글로벌 종합화학기업 이네오스는 '인간에게 불가능은 없다'며, 마라톤에서 인간이 감히 넘볼 수 없는 것으로 여겨졌던 마의 2시간에 도전하기 위해 비공식 마라톤 경기를 개최했다. 국제육상경기연맹은 엘리우드 킵초게 선수의 기록을 인정하지 않았다. 하지만 영국의 유력 일간지 가디언은 "국제육상경기연맹의 규정을 어긴 것은 분명하지만 사람들은 최초로 2시간 벽을 깬 선수로 엘리우드 킵초게를 떠올릴 것이다."라고 평했다. 성공적으로 경기를 마친 엘리우드 킵초게 선수는 "이번 경기는 인간에게 한계란 없음을 보여줬다."라고 소감을 밝혔다. 이렇듯 마라톤은 인간의 한계를 시험하는 대표적인 스포츠 경기다.

미국 신발 브랜드 락포트의 닉네임은 '마라톤을 뛸 수 있는 구두'다. 러닝화를 신고도 뛰기 힘든 마라톤을 구두를 신고 뛸 수 있다고? 얼마나 얼토당토않은 것인가. 구두가 편해 봤자 얼마나 편하냐고 의문을 가질 수 있다. 다른 한편으로는 신발 회사가 편한 신발을 만드는 건 당연하다고 볼 수도 있다. 흔히 사람들은 구두는 운동화에 비해 무겁고 불편할 거라 생각한다. 이러한 편견을 불식시키기 위해 락포트는 운동화에 주로 사용되는 밑창을 구두에 접목해, 당시 어떤 구두보다 가볍고 발이 편한 구두를 생산해 내는 데 성공했다. 그리고 그들은 사람들이 쉽게 상상할 수 없는 영역에 도전해보기로 했다. 러닝화 대신 구두를 신고 마라톤 풀코스 완주에 도전! 그리고 1990년 락포트 부사장 토니 포스트가 '드레스포츠' 정장 구두를 신고 뉴욕 마라톤 대회 풀코스 완주라는 놀라운 성공을 이뤄냈다. 어떻게 이런 일이 가능했을까? 락포트의 드레스포츠 구두는 겉모습은 근사한 정장 구두지만, 내부는 운동화 본연의 기능성을 갖춘 신개념 구두였다. 아무 부상 없이 무탈하게 대회를 마친 토니 포스트 부사장의 스토리는 단번에 락포트가 최고로 편한 신발임을 증명해 보이는 계기가 되었다. 마라톤 복장에 러닝화 대신 정장 구두를 신고 결승선을 통과하는 전무후무한 명장면은 그렇게 탄생했다.

DresSports 드레스dress 슈즈(예복용 또는 정장에 신는 구두)와 스포츠sports의 합성어.

락포트는 원래 미국 스포츠 브랜드 리복 소속이었다가 2006년 아디다스가 리복을 인수하면서 같이 합병됐다. 그리고 2015년 뉴발란스와 미국 사모펀드 버크셔 파트너스가 만든 합작사에 다시 매각되었다. 아디다스 합병 이후 아디다스의 DNA와도 같은 혁신적인 기술 아디프린 쿠션을 드레스포츠에 접목했다. 그때의 영광을 다시 한번! 쿠션의 앞쪽에는 움직임의 추진력과 효율성을 유지하는 아디프린 플러스 를, 발꿈치 부분에는 충격을 흡수하는 아디프린 으로 편안함을 극대화했다. 해당 신발의 가장 큰 장점은 거대 스포츠 기업 아디다스의 실제 운동화에 적용되는 기술력을 구두에 그대로 녹여냈다는 것이다. 보통 기술적 가능성만 고려하게 되면 실현 가능성과는 크게 차이가 나기 마련이다. 그러나 드레스포츠는 이러한 우려를 불식시켰다.

이상과 현실을 잇다

2009년 나는 '마스터스의 황제'로 불렸던 마라토너 김용택 선수와 함께 뉴욕행 비행기에 몸을 실었다. 11월 1일 한국, 미국, 스웨덴, 중국, 프랑스 등 7명으로 구성된 다국적 선수들은 그때의 영광을 재현하기 위해 뉴욕에 다시 모였다. 인간 한계에 도전하는 마라톤 대회. 이번에 우리에게 주어진 미션은 구두의 한계에 대한 도전. 1990년 이

소수의 투자자로부터 모은 자금을 주식·채권 등에 운용하는 펀드.
ADIPRENE+ 아디다스 독점 기술력의 쿠셔닝 시스템 기술. 발 앞부분에 오는 충격을 완화해준다.
ADIPRENE 급정지나 착지 시 발 뒤꿈치에 오는 충격을 흡수해준다.

래로 19년 만에 다시 드레스포츠를 신고 모인 선수들. 경기 결과와 상관없이 뭔가 느낌이 묘했다. 선수들은 신호와 함께 힘차게 출발했다. 결과가 어떻게 됐냐고? 그들은 모두 풀코스를 완주하는 데 성공했다. 어려운 제안에 선뜻 응해 준 김용택 선수가 혹시나 부상이라도 입으면 어쩌나 골인 지점에서 얼마나 가슴 졸이며 기다렸던지. 수년이 지났지만, 아직도 그때의 기억이 생생하다. 경기가 끝난 뒤에 김용택 선수에게 발의 부상은 없는지 조심스럽게 물어보았다. 그는 발바닥에 불이 나서 화끈거린다고 담담하게 이야기해줬다. 너무 미안하고 고마워서 어찌할 바를 몰랐다. 우리에게는 어쩌면 무모한 도전이었다. 말도 안 되는 도전. 락포트가 구두라는 카테고리 안에 갇혀서 좁은 생각에 머물러 있었으면 어땠을까? 완전히 결이 다른 운동화와 구두. 남보다 한발 앞서 낡은 생각과 단호히 결별하고, 스스로 기존의 틀을 과감히 깨는 것은 무엇보다 중요하다. 새로운 시도 없이 진정한 변화는 시작되기 어렵다. 그렇기에 새로운 가치 창조에 영역의 경계란 없다.

아디다스와 락포트의 컬래버레이션이 같은 그룹사 안에서 기술력을 결합해 시너지를 창출한 케이스라면 영국 슈퍼카 제조사 맥라렌과 투미의 만남은 이종 산업cross-industry 간의 컬래버레이션이다. 누구도 예상하지 못한 두 브랜드의 만남은 세간의 관심을 끌기에 충분했

맥라렌 오토모티브. 고급·고성능 스포츠카 및 슈퍼카 제조 업체로 모든 맥라렌 차량은 영국의 맥라렌 프로덕션 센터(McLaren Production Centre, MPC)에서 수작업으로 조립된다. 2010년 설립된 맥라렌 오토모티브는 현재 맥라렌 그룹 중 가장 큰 규모이다.

지금껏 나만 몰랐던 마케팅 기술

다. 맥라렌은 세계적인 자동차 경주 대회인 포뮬러 원(F1)에서 늘 새로운 역사를 써왔다. 이런 어마무시한 자동차와 투미와의 만남이라니… 두 브랜드 사이에 과연 어떤 공통점이 있는 것일까? 둘은 변화에 주저하지 않는다. 혁신에 대한 집착이 결코 도전을 멈추지 않게 했다. 둘의 강력한 파트너십을 바탕으로 '투미 | 맥라렌 컬렉션'은 그렇게 탄생했다. 캐리어, 더플백, 백팩 등 일상생활 속에서 유용하게 사용할 수 있는 다양한 제품 라인업을 선보였다. 다소 평범해 보이는 제품이지만 디자인, 컬러, 테크놀로지 부분에 디테일이 남달랐다. 우선 매끈하고 날렵한 슈퍼카의 유선형 디자인이 시선을 사로잡는다. 여기에 맥라렌을 상징하는 파파야 오렌지 컬러로 섬세한 터치감을 더해 잘 완결된 모습을 보여준다. 컬렉션의 모든 제품은 맥라렌 레이싱카의 프리미엄 소재인 CX6® 카본 파이버가 사용되었다. 무게는 가볍지만 외부 충격에 견딜 수 있는 내구성이 강한 걸로 유명하다. 정교하게 기획된 디자인과 기능성, 두 마리 토끼를 모두 잡았다. 이러한 대담한 도전은 서로 다른 브랜드가 만나 새로운 규칙과 내일을 만들어 간다는데 그 의의가 있다. 시간이 흐르고 나면 '이렇게 하면 좋았을 걸…'하고 아쉬움이 남을 때가 있다. 후회는 필요 없다. 돌이켜보면 직접 부딪히며 '새로움'을 추구했던 순간이 놀라운 결과를 낳을 수 있었다. 다른 영역이라고 생각해서 굳이 선을 그을 필요가 없다. 가치를 창조하는 데 영역의 경계가 없다는 것을 기억하자.

.

제품을 차별화시켜 주는 핵심에 집중하기

대통령은 어떤 자동차를 탈까? 대통령 전용차는 언제나 화제의 중심에 있다. 버락 오바마 전 미국 대통령의 차는 The Beast(야수)라는 이름이 붙은 제너럴모터스(GM)의 고급차 브랜드 캐딜락 방탄차로 겉모습은 고급 승용차지만 내부는 7톤짜리 탱크 수준이라고 한다. 상상을 초월하는 방탄 기능은 물론이고, 최첨단 장비로 무장하고 있기 때문이다. 각종 폭발물과 로켓포 공격에도 견딜 수 있다. 화생방 테러에 대비해 산소 공급 시스템도 갖추고 있을 뿐만 아니라, 런 플랫 타이어 라 웬만한 수류탄이나 지뢰에도 끄떡없다. 그 당시 GM 대변인은 CNN과의 인터뷰에서 "미국 대통령 전용차는 유성을 직접 맞아

run-flat tire 주행 중 손상에 의해 타이어 내의 공기압이 0이 되어도 일정 거리 이상 주행이 가능한 타이어.

도 안전할 것이다."라고 말했다. 이렇듯 대통령 방탄차는 지상 최대 럭셔리 카의 끝판왕이다.

그렇다면 방탄복은 어떨까? 방탄복도 방탄차처럼 강철과 같이 단단한 소재로 만든 것일까? 총알을 막아내는 방탄복은 실이 만들어낸 혁명이라고 해도 과언이 아니다. 200년 이상의 역사를 가진 미국 화학 회사 듀폰이 케블라 소재를 개발해 방탄복 역사에 혁명을 불러일으켰다. 방탄복 원리는 회전하는 총알이 케블라로 촘촘하게 짜인 그물망에 걸려들어 빠져나가지 못하게 하는 것이다. 즉, 빈틈없는 그물 구조가 충격을 흡수하고 분산시키는 역할을 한다. 원래 케블라 이전에는 2차 세계대전 당시 개발된 듀폰의 발리스틱ballistic 나일론이 방탄 소재의 원조라 할 수 있다. 케블라의 등장으로 발리스틱 나일론은 방탄 왕좌를 내주었다. 대신 발리스틱 나일론은 패션 시장의 문을 두드렸고 그 시장에 성공적으로 안착했다. 패션 업계에서는 견고하고 내구성이 강한 소재로써 독보적인 입지를 굳혔다.

투미는 1980년대부터 발리스틱 나일론 소재의 제품들을 출시해 왔다. 발리스틱 나일론은 어마무시할 정도로 튼튼하고 견고하다. 직장 생활 5년 차 때 출장용으로 처음 구매했던 백팩이 투미였다. 출장을 가야 하는데 회사에서 지급한 노트북이 너무 무겁다 보니, 손에 들고 다니는 것보다 차라리 등에 메고 다니는 게 낫겠다 싶어 이리저리 검색 하던 중 우연히 접하게 되었다. 학창 시절에는 이스트팩과 잔스포츠를 주로 매고 다녔지만, 직장인이 된 이후로는 백팩을 멜 기회가 거의 없었다. 그래서 학생 때와는 달리 뭔가 프로페셔널해 보이는 백팩을 사고 싶은 마음도 있었다. 그런 나의 니즈를 실현시켜 줄 수 있는 브랜드가 투미였다. 그때 산 발리스틱 나일론 소재로 된 내 백팩은 어제 산 것처럼 여전히 깨끗하고 말짱하다. 심지어 뭐가 묻어도 물티슈로 쓱 닦으면 그만이다. 이러니 내가 투미를 안 좋아 할 수가 있나?

나와 어딘가 닮은 듯한 브랜드에 묘하게 끌린다

사실 투미는 버락 오바마 전 미국 대통령 덕분에 엄청난 화제를 일으키며 더 유명해졌다. 선거운동 기간 동안 버락 오바마의 일거수일투족이 언론의 관심을 받았다. 미국 대선 사상 첫 젊은 흑인 후보 자체가 강렬한 변화를 예고했는데 수많은 언론의 스포트라이트를 받는 건 어찌 보면 당연했다. 그때마다 카메라에 포착된 가방이 있었으니 바로 가죽 소재로 된 투미 알파 브리프 케이스 였다. 분주한 유세 일정을 소화하며 유권자들의 표심을 잡기 위해 총력을 기울이고 있는 상황에서 투미 브리프 케이스는 '모바일 오피스' 역할을 톡톡히 해냈다. 투미에게도 버락 오바마는 최고의 비공식 '브랜드 앰버서더'라고 해도 과언이 아니다. 여담으로 한국에서는 삼성전자 이재용 부회장이 해외 출장길에 오를 때마다 종종 끌고 다니는 낡은 캐리어 때문에 언론에 화제가 된 적이 있다. 당시 기사에는 '한국 최고 부호가 허름

brief case 서류나 책 따위를 넣을 수 있도록 입구가 충분히 벌어지게 만든 상자 모양의 가방.

지금껏 나만 몰랐던 마케팅 기술

한 가방을?'이라는 제목으로 호기심을 자극했다. 공항에서 찍힌 사진 속 캐리어 역시, 다름 아닌 발리스틱 나일론 소재로 된 투미 알파 제품이었다.

전 세계가 주목하는 미국 대선을 준비하는 순간. 그리고 대기업의 수장으로서 중요한 해외 출장길에 오르는 순간. 그들은 왜 투미를 선택했을까? 은연중에 소비자는 자기 이미지와 브랜드 이미지가 일치하는 제품을 구매하게 된다. 창립 이래 투미는 기본에 충실하고 실용적인 제품을 선보이며 소비자의 절대적 신뢰를 얻는 데 주력했다. 발리스틱 나일론 제품을 필두로 견고한 '실용주의 가치 체계'를 형성하는 데 집중해 왔다. 그러면서 '자신의 업무에만 묵묵히 몰두하는 프로 중의 프로'의 모습을 띤 브랜드 페르소나를 형성할 수 있었다. 브랜드 페르소나에 대한 중요성은 누구나 인식하고 있지만 제대로 된 브랜드 페르소나를 구축하는 건 쉬운 일이 아니다. 기본에 충실함. 이것이 차원을 달리하는 투미의 브랜드 가치를 만들어내는 핵심 요소이다. 미셸 오바마의 자서전 《비커밍》에서도 버락 오바마를 한마디로 요약하면 '팩트 가이'. 즉, 무슨 일이든 사실에 입각해서 의사결정을 하고 행동한다. 더불어 강고한 직업윤리 의식을 갖추고 있을 뿐만 아니라, 무슨 일이든 작정하면 헌신적으로 해내는 사람으로 묘사되어 있다. 늘 책과 신문을 가까이하는 버락 오바마에게 가방은 유행을 잘 따르고 패션에 관심이 많은 패션 피플이 되기 위한 선택이 아니다. 목표한 바를 이루기 위한 여정을 함께하는 파트너이다. 투미는 자신의 소비 기준과 성향에 맞는 최선의 선택이었다. 이런 의미에서 버락 오바마가 괜히 투미 가방을 드는 게 아니다. 투미의 시작은 어쩌면 소소했을지도 모르겠다. 그러나 근본적인 차이와 독창적인 브랜드 가치를 만들어 오다 보니 어느덧 투미는 프리미엄 반열에 올라섰다.

마케팅계의 바이블로 우리에게 잘 알려진 잭 트라우트와 알 리스의 《포지셔닝》에서도 강조해왔고, 마케팅에서 '차별화'는 시간이 지나도 변치 않는 만고불변의 진리이다. 즉, 경쟁자와 달라야 한다는 것을 끊임없이 강조해 왔다. 차별화만이 치열한 경쟁에서 생존할 수 있고, 경쟁우위를 만들어내는 가장 기본적인 원천이 될 수 있다고 믿어왔다. 의심할 여지없이 차별화는 기업 규모나 업종에 상관없이 마케팅의 성패를 가르는 가장 중요한 요인 중 하나임에는 틀림없다. 어쩌면 과거보다는 지금이 차별화의 역할이 더 중요할지도 모르겠다. 그러나 여기서 우리가 간과하지 말아야 할 것이 있다. 다르지 않으면 도태된다는 막연한 두려움 때문에 무조건 차별화를 좇아서는 안 된다는 것이다. 지나치게 차별화를 좇다 보면 브랜드가 나아가야 할 방향을 놓쳐버릴 수 있다. 내가 누구인지, 내가 어디를 향해 어떤 속도로 가고 있는지 스스로 가늠할 수 있어야 한다. 그래야 브랜드에게 가장 의미 있는 차별화 즉, 근본적인 차이를 만들어냄으로써 소비자에게 영향력을 발휘할 수 있다. 근본적인 차이의 힘은 막강하다. 브랜드가 차별화 포인트에 대해 구구절절 설명하지 않아도 소비자는 귀신같이 알아보고 반응한다. 우리 브랜드에 열광하고, 지갑을 기꺼이 여는 소비자들을 상상만 해도 신나지 않는가?

투미의 유연성:
"축구는 손흥민, e스포츠는 페이커"

새로운 고객에 맞춘 유연성 발휘하기

나이키, 아디다스, 언더아머와 같이 대부분의 글로벌 스포츠 브랜드는 축구, 농구 등 해당 스포츠 종목을 대표하는 유명 선수들과 스폰서십 계약을 체결하고 그들을 광고 모델로 기용한다. 아디다스에는 세계적인 축구 선수들이 대거 포진해 있다. 대표적인 선수들로는 바르셀로나의 리오넬 메시, 맨체스터 유나이티드의 폴 포그바, 리버풀의 모하메드 살라, 유벤투스의 파울로 디발라 그리고 토트넘 홋스퍼의 손흥민 등이 있다. 특히 손흥민은 축구 선수로서 역대 최고의 전성기를 구가하고 있다. 2021년 1월 일본 축구 전문 매체 풋볼 채널은 세계 최고의 시장 가치를 가진 공격수들의 톱 15를 공개했는데, 우리의 쏘니 , 손흥민은 9천만 유로(약 1,240억 원)의 몸값을 인정

Sonny 영어 단어 sonny(영국식 영어에서 자신보다 나이 어린 남자를 다정하게 부르는 말)와 손흥민의 Son을 아우르는 호칭이다.

받아 당당히 12위에 이름을 올렸다. 잉글랜드 프로 축구 프리미어 리그(EPL)에서 맹활약을 펼치고 있는 손흥민은 빠른 발을 앞세운 돌파가 주 무기다. 최근 한 언론과의 인터뷰에서 손흥민 선수는 "내게는 어린 시절부터 사용해 온 아디다스 축구화가 세상에서 가장 편하다. 아디다스 축구화가 스피드와 파괴력 향상에 도움을 주고 있다."고 말했다. 손흥민이 극찬한 아디다스 축구화. 두말할 나위 없이 최고의 스포츠 스타 마케팅이다. 손흥민 자체가 천군만마처럼 든든한 지원군일 수밖에 없다. 아디다스 축구화를 신으면 손흥민처럼 그라운드를 누비며 강력한 슛을 쏠 수 있을 것 같은 이미지가 부각됨으로써 축구하면 가장 먼저 떠오르는 브랜드가 아디다스가 될 것이다. 최초상기도 1위 브랜드라는 것은 그만큼 시장에서 영향력을 발휘하고 있다는 점을 방증한다. 이는 시장 장악력과도 직결된다. 기업 입장에서 보면 시장에서 경쟁우위를 확보한다는 것은 동시에 기업의 이윤을 창출할 수 있다는 것을 의미한다. 이러한 점 때문에 스포츠 브랜드들이 스포츠 스타 마케팅을 포기할 수 없다.

게임계의 EPL로 칭송받는 한국의 e스포츠 의 프로게이머 시장은 어떨까. 2018년 자카르타 – 팔렘방 아시안 게임에서 시범 종목으로

top of mind 소비자가 여러 가지 경쟁 브랜드 중 맨 처음 떠올리는 브랜드를 말한다. 시장점유율을 추정할 수 있는 브랜드 지표이다.

electronic sports 온라인상에서 겨루는 게임을 통틀어 가리키는 용어. 게임산업진흥에 관한 법률에서는 게임물을 매개로 하여 사람과 사람 간에 기록 또는 승부를 겨루는 경기 및 부대활동을 말한다.

치러진 e스포츠가 2022년 항저우 아시안 게임의 정식 종목으로 채택됐다. 이를 두고 전문가들은 e스포츠가 '산업적으로 제도권에 들어온 것'으로 평가하고 있다. 심지어 리그 오브 레전드 (이하 롤) 선수의 최저 연봉은 2020년 2천만 원, 2021년 6천만 원으로 국내 4대 프로 스포츠(야구, 축구, 배구, 농구)의 최저 연봉보다 높아졌다. 요즘 특히 비대면 생활 방식은 어느 때보다 우리의 일상생활에 밀접하게 스며들었다. 이와 함께 e스포츠의 성장 잠재력이 더욱 부각되고 있다. 골드만 삭스는 글로벌 e스포츠 산업 규모가 2022년 29억 6,300만 달러(약 3조 3,407억 원)로 해마다 평균 35% 넘게 증대할 것으로 전망하고 있다.

SK텔레콤은 일찌감치 e스포츠의 잠재력을 알아본 회사이다. 2004년 프로게임 팀 'SK텔레콤 T1'을 창단했다. 그리고 2019년 세계적인 미디어·엔터테인먼트 그룹 컴캐스트와 함께 글로벌 e스포츠 전문 기업을 정식 설립했다. 특히 롤 프로 팀 T1은 세계적으로 유명한 스타 플레이어인 페이커(Faker, 이상혁) 선수가 소속돼 있으며 화려한 수상 경력을 보유한 명실상부 최고의 명문 팀으로 꼽힌다. 2016년 CNN은 페이커를 가리켜 'e스포츠계의 리오넬 메시이자 마이클 조던'이라고 평했다. 그는 롤 올스타전 투표에서도 압도적으로 1위를 차지하며 변함없는 인기를 누리고 있다. 뿐만 아니라 "한국은 몰라도 페이커는 안다."는 우스갯소리처럼 그의 인기는 이미 한국 차원을 뛰어

League of Legend, 리그 오브 레전드. 라이엇 게임즈에서 개발 및 서비스하는 멀티플레이어 온라인 배틀 아레나Multiplayer Online Battle Arena(MOBA) 비디오 게임.

넘은 지 오래다. 전 세계적으로 페이커의 인기가 얼마나 대단한지 짐작할 수 있겠는가? 이러한 e스포츠의 확산과 폭발적인 인기에 힘입어 게이밍 기어 시장에서도 '카테고리 선점 효과(해당 제품 카테고리에서 1위)'를 극대화하기 위해 치열한 전쟁을 벌이고 있다. 게이밍 모니터부터 마우스, 헤드셋 등. 이제 게이밍 백팩도 떠오르는 필수품 중 하나이다.

그저 늙는 게 무섭고 두렵다

마케터들이 공통적으로 갖는 고민이겠지만, 고객과 함께 나이가 들어가는 브랜드의 미래에 대한 두려움을 가지고 있다. 사람과 마찬가지로 늙어가는 것, 즉 브랜드 노화에 대한 걱정이다. 투미도 비슷한 고민을 안고 있다. 헤리티지를 추구하면서도 브랜드의 나이 듦에 대해서 걱정을 하지 않을 수가 없다. 그렇다고 해서 마냥 앉아서 걱정만 하고 있을 수도 없는 노릇 아닌가. 투미는 변화가 필요한 시점에 기존 고객과 새로운 시장의 고객을 동시에 잡는 듀얼 전략을 통해 신규 시장 확대를 노리고 있다. 지금까지 투미는 3040 비즈니스맨을 공략하는 백팩을 위주로 선보여 왔다. 강남 테헤란로나 여의도, 판교 일대 남성 직장인들 출근 룩만 봐도 투미 백팩을 매고 다니는 모습을 심심치 않게 발견할 수 있다.

그러나 MZ세대(밀레니얼+Z세대)와의 접점을 넓히기 위해 제품 라인업에 대해 실험적 시도가 진행되고 있다. 특히 눈여겨 볼만한 변화는 게이밍 백팩을 필두로 한 '이스포츠 프로 컬렉션' 출시이다. 게이밍 아이템에 대한 고민의 흔적들이 이번 결과물에 여실히 드러나 있다. 불필요한 디테일을 최소화한 대신, 게이머들이 쉽고 편리하게 사용할 수 있도록 소재와 디자인 구성 요소들의 조화를 꾀해 360도로 돌려 봐도 어디 하나 흠잡을 데 없다. 이렇게 대담한 변화를 시도하며 페이커가 주장인 어마어마한 T1과의 콘텐츠 파트너십을 시작으로 e스포츠 시장에 첫걸음을 내딛었다. e스포츠를 조금씩 알아가는 중인 나도 T1이 어떤 위력을 가진 팀이라는 것 정도는 충분히 알고 있었기 때문에, 파트너십 자체만으로도 설렘과 흥분이 가시질 않았다. 일단 T1 선수들과 함께 만든 유쾌하고 가벼운 소셜 콘텐츠를 통해 e스포츠를 기반으로 한 잠재된 젊은 층 고객들에게 새로운 투미의 면모를 선보일 계획이라고 하니 그 결과가 자못 궁금하다. 이 책이 나올 때쯤이면 결과를 알 수 있지 않을까?

그러나 기존의 것을 벗어나 새로운 변화의 시도는 양날의 검이 될 수 있다. 그래서 듀얼 타깃을 겨냥할 때 무엇보다 중요한 원칙은 명확한 전략 방향 아래 핵심 메시지를 간결하게 전달해야 한다는 것이다. 특히 제한된 오프라인 세일즈 환경에서 두 타깃의 정보가 섞이지 않게 주의해야 한다. 자칫 잘못하년 두 타깃 모두에게 외면 받을 수 있기 때문이다. 이제 투미도 새로운 e스포츠 제품의 특징에 가장 부합하는 신규 타깃을 별개로 공략함으로써 적극적으로 새로운 시장 개척에 나섰다. 결과는 뚜껑을 열어봐야 알 수 있지만 말이다. 어쨌든 시장의 성장 및 성공 가능성 등을 꼼꼼히 따져본 후 신규 타깃 시장을 결정했고, 또 하나의 견고한 세일즈 생태계를 조성하는 것이 투미의 궁극적인 목표이다. 더불어 새롭게 개척한 신규 시장에 맞는 새로운 고객을 지속적으로 발굴해야, 장기적으로 그들을 충성 고객으로 만들 수 있다. 마케팅의 초점은 회사마다 다를 것이다. 그렇기에 이를 일반화 하기는 어렵다. 하지만 분명한 것은 극도로 불확실한 환경에서는 유연성을 발휘하는 브랜드만이 생존할 수 있다는 사실이다. 불황의 시기는 업계의 진정한 승자가 누구인지 판가름할 수 있는 잣대로 활용될 수 있다. 이 전쟁에서 이긴 승자만이 더 강한 기업으로 불황을 끝내고 호황으로 진입할 수 있음을 기억하자.

아무도 모르는 변화는 의미가 없다

비하인드 에피소드

'말하지 않아도 알아요. 눈빛만 보아도 알아.' 어림없는 소리! 흔히 남녀가 연애할 때 이심전심이라며 말 안 해도 다 알아줄 거란 생각은 큰 오산이다. 특히 남자는 여자처럼 생각이 복잡하지 않기 때문에 직접 말해주지 않으면 잘 모른다고 한다. 물론 100% 다 그런 건 아니지만 말이다. 그게 사랑이든 뭐든 간에 표현하지 않으면 모른다. 브랜드도 마찬가지이다. 어떻게 하면 남녀 간 의사소통에서 흔히 빚어지는 오해를 줄이고 평화롭게 연애할 수 있는지 고민하는 것과 똑같다. 브랜드가 무엇을 이야기하고 싶은지 소비자가 알아들을 수 있도록 차근차근 설명해 나가야 한다. 앞뒤 다 자르고 이야기하거나 또는 메타포 라는 이유로 에둘러 표현하고 만다면 소비자가 한 번에 알아듣기가 어려울 수도 있다. 우리는 이러한 문제를 결코 가볍게 여겨서는 안 된다.

은유법. 비유법의 일종으로 표현하는 대상을 다른 대상에 비겨서 표현하는 방법.

2016년 햇볕이 다소 따갑던 5월 용산 아이파크몰 옥상에 있는 풋살 경기장에서 아디다스 스케이트보딩 팀의 풀랭스 비디오 어웨이데이즈AWAYDAYS 시사회를 열었다. 어웨이데이즈 비디오는 아디다스 스케이트보딩 팀의 라이더들이 전 세계 90여 개의 도시를 돌며 3년 이상의 제작 기간을 거쳐 탄생했다. 좀 더 쉽게 이야기하면 아디다스 스케이트보더들의 다큐멘터리 필름이라고 보면 된다. 원래 어웨이데이즈는 축구 팀이 홈그라운드를 벗어나 원정 경기를 치르러 떠날 때 이를 위해 응원하는 팬들도 원정 경기를 위한 여정을 함께 하는 것을 일컫는다. 아디다스가 잘 하는 것 중 하나는 목표로 하는 시장에 소비자 관점에서 꼭 필요한 브랜드라는 것을 콕 집어 잘 알려준다. 축구면 축구, 러닝이면 러닝, 이제는 스케이트보딩까지도 말이다. 영국의 슈프림이라 불리는 팔라스 스케이트보드 브랜드와의 협업 제품을 꾸준히 시장에 선보여 왔고, 2021 봄 컬렉션에 네 번째 드롭까지 공개했다. 스케이트보드 슈즈 시장에서도 나이키, DC 슈즈, 이메리카 등과 함께 무시할 수 없는 존재감을 뿜어내고 있다.

해당 프로젝트를 진행하는데 있어 가장 어려운 점은 스케이트보드 신에 있는 사람들의 생각을 읽는 것이었다. 《논어》 위정편에는 이런 말이 있다. "그가 하는 행동을 보고, 그가 지내온 바를 자세히 살피고, 그가 만족하고 편안해 하는 바를 관찰하면, 그 사람이 어떤 사람인지 어찌 모르겠느냐?" 상대방이 어떤 사람인지 알 수만 있다면

scene 원래는 영화를 구성하는 극적 단위의 하나(같은 장소, 같은 시간 내에서 이루어지는 일련의 행동이나 대사가 이루어지는 부분). 해당 문맥에서는 계통(일정한 분야나 부문)을 의미한다.

좀 더 구체적이고 현실적으로 상대방을 움직일 수 있을 텐데 말이다. 한 번도 데크 위에 올라선 적이 없는 내가 스케이트보딩 이벤트를 준비하다니… 그래도 다행인 것은 스케이트보딩에 대해 아는 것은 하나도 없었지만 보더들에 대한 경외심과 함께 그 신에 대해 하나씩 알아 가는 재미가 쏠쏠했다. 이제까지 성공과 실패 사례를 통해 내가 해야 할 일은 분명했다. 우리의 스케이트보딩에 대한 진심을 시장에 명확하게 알리는 것이었다. 라이더들을 위한 영상에 3년이라는 시간과 돈을 투자했다는 것만 봐도 아디다스는 정말이지 놀라우리만치 스케이트보딩에 대해 진지했고 또 진심이었다.

서울 시사회를 위해 아디다스 스케이트보딩 팀 라이더인 사일러스 백스터-닐, 데니스 부세니츠, 제이크 도넬리, 데니스 듀런트, 잭 파델, 타이션 존스와 새롭게 팀에 합류한 레전드 대원 송이 한국을 방문했고 나는 그들과 함께 모든 일정을 소화했다. 잠을 잘 때를 제외하고 하루 종일 그들의 곁에 붙어 있었다. 이 신에서 그들은 정말 명실상부 최고의 톱스타였다. 스케이트보드 파크에 가면 정말 입을 떡 벌린 채 감탄사를 내뱉는 사람들뿐이었고 모든 사람들의 이목이 순식간에 집중되었다. 저녁 어스름이 깔릴 무렵 시작된 시사회가 진행되는 내내 관객들의 환호도 멈추지 않았다. 시사회가 끝나고 나서도 여운이 가시지 않았는지 관객들은 여전히 상기된 표정이었고 쉽게 자리를 떠나지 못했다. 나도 맥주로 목을 축이며 야외 풋살장에 남아 하루를 마감하며 여운을 달랬다. 나에게도 한여름 밤의 꿈같았다.

스케이트보드 신에서 우리가 보여준 행보는 분명 프로와 아마추어 할 것 없이 스케이트보더들과 팬들 모두에게 큰 의미가 있었다. 하지만 나의 느낌은 그들만의 리그랄까? 나처럼 스케이트보딩을 잘 모르는 일반인들에게 좀 더 많이 알리지 못한 것이 아쉬움으로 남았다. 시장의 가능성이 큰 것은 사실이지만 진입 장벽이 높은 것도 현실이었다. 아직도 스케이트보딩은 서브컬처로 취급되며 주류보다는 비주류에 더 가깝다. 여기서 분명히 집고 넘어가고 싶은 것이 있다. 주류가 비주류보다 더 낫다는 것은 아니다. 다만 더 많은 사람들과 함께 즐기고 나누고 싶은 마음이다. 한때 언더그라운드나 오버그라운드로 구분하던 힙합도 대표적인 하위문화로 취급받았다. 하지만 이제 힙합은 언더와 오버를 구분 없이 가리지 않고 흡수하며 대세 중의 대세로 자리 잡았다. 지금의 스케이트보딩도 빠른 속도로 주류에 근접해 가고 있다. 어떻게 이를 짐작할 수 있냐고? 우리가 명품이라고 부르는 고급 브랜드들이 슬슬 눈을 돌리고 있다는 건 어찌 보면 이제 하이 컬처가 될 날도 멀지 않았다는 것을 의미하기 때문이다.

루이비통의 남성복 라인을 이끌었던 킴 존스는 럭셔리와 스트리트웨어의 역사상 가장 핫한 컬래버레이션으로 세계 패션계를 들썩이게 만들었다. 슈프림과의 컬래버레이션을 통해 루이비통의 정체된 남성복 이미지에 큰 반향을 불러일으킨 것이다. 이후 오프 화이트의 수장이었던 버질 아블로가 새로운 남성복 크리에이티브 디렉터로 합류하

subculture 어떤 사회의 전체적인 문화, 또는 주요 문화에 반대되는 개념으로, 하위문화 또는 부차적 문화라고도 한다.

지금껏 나만 몰랐던 마케팅 기술

며 루이비통 최초의 스케이트보드 슈즈까지 선보이기에 이르렀다. 해당 모델은 스케이트보더로 이름을 떨치던 루시엔 클라크와 버질 아블로의 공동 작업으로 탄생했다. 이는 분명 스트리트 신에서도 루이비통에게도 파격적인 행보였다.

일을 하면서 누구나 아쉬움이라는 것이 있다. 그 때 무엇을 했더라면, 어떻게 했더라면 하는 아쉬움 말이다. 때로는 예산이 부족해서, 때로는 시간에 쫓겨, 때로는 보여줄 것이 만족스럽지 않아서 우리가 원하는 만큼 브랜드의 변화에 대해 충분히 이야기하지 못할 때가 있다. 여기서 잊지 말아야 할 한 가지! 복잡할수록 단순하게 정리하는 것이 힘이다. 주어진 환경을 변화시킬 수 없다면 선택은 단 하나. 최대한 긍정적으로 받아들이는 것뿐이다. 기꺼이 받아들여야 한다는 뜻이기도 하다. 그리고 나서 내가 할 수 있는 선에서 최대한 널리 알리는 것이다. 우물 안 개구리처럼 우리들만의 잔치로 끝나게 해서는 안 된다. 이제 주사위가 던져졌다면 우리 브랜드의 변화가 의미가 있는지 없는지는 소비자의 판단에 맡겨야 한다. 다만 결과가 나쁘다고 해서 너무 자책할 필요 없다. 우리에게는 다음이 있다.

PART 3

매력적인 브랜드에는
이유가 있다

글로벌 톱 기업들의
마케팅 인사이트에서 기회를 찾아라

명쾌한 마케팅 시나리오를 만드는
단순한 사고 체계를 구축하라

아디다스 팬이라면 아디다스에는 두 가지 종류의 브랜드 로고가 존재한다는 것을 잘 알고 있다. 우뚝 솟은 산과 같은 '배지 오브 스포츠 badge of sport' 로고와 흔히 불꽃 마크라 불리는 '트레포일trefoil' 로고이다. 배지 오브 스포츠 로고는 아디다스의 스포츠와 함께한 유구한 역사와 뿌리 깊은 연결고리를 상징한다. 트레포일 로고는 2001년 아디다스에서 처음 선보였던 라이프스타일 브랜드, 오리지널스에서 출발한다. 아이코닉한 트레포일 로고는 아디다스의 풍부한 유산과 아카이브에서 영향을 받아 탄생했다. 이렇듯 심플하고 직관적인 브랜드 로고 하나만으로도 소비자에게 충분한 가치와 정보를 제공할 수 있다.

클로버 같은 삼엽형(전체가 세 갈래로 된 형태) 식물.

2016년 미국의 패션 디자이너 알렉산더 왕과 아디다스의 컬래버레이션 제품이 처음 대중에 공개됐을 때, '짝퉁 아닙니다. 뒤집힌 아디다스 불꽃 마크의 정체'라는 제목의 기사가 난 적이 있다. 해당 기사에 따르면 '이번 컬래버레이션은 다소 파격적이다. 바로 아디다스의 시그니처인 삼선과 트레포일 로고를 과감하게 변형시켰기 때문이다. 브랜드의 로고는 자신의 정체성, 가치, 역사를 담은 하나의 심볼이다. 따라서 특별한 상황이 아닌 이상 로고의 훼손이라 여겨질 만큼 파격적인 변형은 대다수 기업이 되도록 기피하고 싶어 한다. 하지만 알렉산더 왕은 과감히 아디다스의 삼선을 해체하고, 또 나뭇잎 모양의 트레포일을 뒤집어 버렸다.'고 전했다. 브랜드 로고는 기업의 전통과 브랜드 연속성을 유지하는데 중요한 역할을 한다. 변형이라는 위험을 감수하는 것은 이익보다 손실이 더 클 수도 있다. 그래서 대부분의 기업들은 과감한 선택을 하기보다는 안전한 방법인 유지하는 것을 택하게 된다. 그럼에도 불구하고 로고 변형을 택한 이유는 위험 요소로 작용하기보다는 새로운 기회로 작용할 여지가 더 크다고 판단한 것이다. 'High Risk, High Return' 아니던가. 높은 이익을 추구하기 위해서는 높은 위험을 감수해야 한다. 아디다스와 알렉산더 왕의 컬래버레이션은 로고 변형이라는 다소 파격적인 요소를 통해 폭발적인 반응을 얻으며 긍정적인 브랜드 가치를 창출했다는 점에서 높게 평가받았다.

우물 밖을 내다 봐라

2015년 아디다스는 2020년까지의 사업 계획을 발표하면서 이에 대한 타이틀로 '새로운 것을 창조하다Creating the New'를 전면에 내세웠다. 그리고 이를 달성하기 위한 세 가지 핵심 성장 전략 – 스피드(How we deliver), 시티(Where we deliver), 오픈 소스(How we create)를 제시했다. 세 가지 구성 요소 중 가장 눈에 띄는 '오픈 소스'는 컬래버레이션을 근간으로 하는 혁신 모델이다. 미래 먹거리 창출의 필요성을 체감한 아디다스는 스포츠 산업과 문화를 함께 만들어갈 운동선수, 소비자, 파트너들을 디자인과 생산 과정 및 마케팅에 직접 참여시켜 그들이 브랜드의 조직 구성원이 되게 했다. 그리고 궁극적으로 그들을 강력한 '브랜드 옹호자'가 되게끔 하는 것을 목표로 삼았다.

이러한 '오픈 소스' 전략의 일환으로 아디다스는 세계에서 가장 창의적이고 혁신적인 인플루언서 및 기업들과 함께 협업하고 있다. 최근 아디다스의 컬래버레이션을 통한 결과물은 성공적인 행보를 보여주고 있다. 앞서 언급한 알렉산더 왕뿐만 아니라, 칸예 웨스트와 협업한 '아디다스 이지YEEZY'는 괄목할만한 성공을 거둔 사례 중 하나로 꼽힌다. 칸예 웨스트와 아디다스의 관계는 2013년에 시작됐다. 칸예 웨스트가 평소 즐겨 신던 아디다스 부스트 신발의 판매가 늘자, 칸예 웨스트가 직접 아디다스 측에 협업을 제안했다. 이지 부스트 출시는 전 세계적으로 엄청난 센세이션을 불러일으켰다. 그 인기를 증

영향력 있는 개인.

명하듯 이지 부스트는 구하기 힘든 모델에 프리미엄 가격을 붙여 되파는 '리셀 시장'에서도 반응이 정말 폭발적이었다. 버전에 따라 다르지만 많게는 판매가의 수십 배의 가격에 거래될 정도였다. 원가 이상의 수익을 보장할 수 있는 스니커테크 열풍의 중심에 서게 됐다.

아디다스 CEO 캐스퍼 로스테드 또한 조선일보와의 인터뷰에서 아디다스의 성공 비결로 칸예 웨스트와의 협업을 빼놓을 수 없다고 강조했다. 그는 "오픈 소스 전략의 힘이다. 우리는 어떤 창의적인 개인 및 기업도 아디다스의 혁신에 기여할 수 있다고 본다. 이지는 아디다스 제품 중 가장 브랜드 가치가 높다. 우리는 차별화된 가치를 가진 제품이 만들어내는 '후광 효과'가 얼마나 큰지 절실히 느끼고 있다. 앞으로 더 다양한 크리에이터 및 기업과 협력을 확대해 나갈 것이다."라고 말했다. 이지와 같이 독창적인 제품이 탄생하게 된 배경에는 신제품 개발을 조직의 내부 역량에만 의존하지 않고, 외부와 적극적으로 협력하는 '오픈 소스' 전략이 먹혔다고도 볼 수 있다. 아디다스는 내부의 건실하게 다져진 기본기를 바탕으로 외부 파트너들과 협력 체제를 구축하며 경쟁력에 날개를 달 수 있었다.

하지만 조직의 규모가 거대해질수록 내부에서 해결해야 할 과제들은 점점 더 복잡해지고, 영역도 확장될 수밖에 없다. 반면에 주어진 시간과 자원은 한정되어 있다. 아디다스 또한 규모가 커짐에 따라 다

'스니커즈'와 '재테크'의 합성어로 한정판 스니커즈를 되팔아 시세 차익을 노리는 재테크의 일종이다.

양한 과제에 봉착해 있었고 새로운 돌파구가 필요했다. 그리고 문제 해결책을 조직 내부에 국한시키는 것이 아니라, 과감히 외부로 눈을 돌렸다. 이런 측면에서 볼 때 아디다스의 '오픈 소스' 모델은 해결해야 할 과제를 내부 영역으로만 제한을 두지 않았다는 게 돋보이는 반전 포인트다. 내부로만 국한해서 생각할 경우 일정한 한계를 벗어나기 어렵다. 더 나은 솔루션을 위해 외부와의 협업을 통해 '새로운 생태계'를 조성한 것이다.

그러나 현실은 그리 녹록지 않다. 실제 일할 시간도 부족한데, 복잡한 내부 조직의 협업을 이끌어나가는데 더 많은 에너지를 쏟아야 할 때가 있다. 부서 간 업무 협조가 어려워 애를 먹었던 경험은 누구나 있을 것이다. 경쟁 상대는 외부 기업이 되어야 하는데, 오히려 내부 조직끼리 견제하고 눈치를 보느라 에너지가 비효율적으로 낭비되기도 한다.

스티브 잡스는 파산 직전에 몰렸던 애플을 부활시킨 비결이 무엇이냐는 질문에 이렇게 답했다. "자신의 사고를 명료하게 다듬어 단순하게 만들도록 노력해야 합니다. 일단 그것을 해내면 산이라도 움직일 수 있습니다. 노력할 만한 가치가 충분하죠." 여기서 우리가 놓치지 말아야 할 것이 있다. 그것은 전략의 원칙을 세우거나 의사결정을 내리는 과정을 극도로 단순화해서 처리해야 한다는 사실이다. 물론 그 과정은 쉽지 않다. 그러나 일단 세팅이 되고 나면, 상상 이상의 효과와 가능성을 열어준다. 잊지 말자. 본질을 알아야 정확한 방향도 보인다. 핵심적인 본질에 다다르는 과정은 의외로 단순한 경우가 많다. 아디다스도 정면 돌파가 필요한 시점에 외부 파트너들(알렉산더 왕, 칸예 웨스트 등)과의 협업을 통해 명쾌한 시나리오를 만드는 데 성공했다. 내부에서 열심히 해도 문제가 잘 풀리지 않을 때가 있다. 그럴 땐 안만 쳐다보는 것이 아니라 바깥을 보자. 혁신의 원천은 조직 내부에만 존재하는 것은 아니다. 외부에서도 찾을 수 있는 기회가 분명히 있다.

인과 관계 논리를 꼼꼼하게 확인한다

'월트 디즈니 컴퍼니'(이하 디즈니)는 1923년 창립한 이래, 지금까지 전 세계 문화 콘텐츠 시장을 선도해온 미디어 엔터테인먼트 회사이다. 디즈니는 미키 마우스부터 어벤져스까지 전 세계가 사랑하는 콘텐츠와 테크놀로지, 창의성으로 대표되는 집단이다. 이러한 집단 안에 미키·미니 마우스를 그리는 아티스트는 단 두 명뿐이다. 그중한 명이 한국인 최초의 디즈니 수석 캐릭터 아티스트 김미란 씨다. 미키 마우스의 포즈와 스타일 모두 그녀의 손끝에서 탄생한다.

그녀의 주요 업무는 트렌드를 예측하고, 디자인의 큰 틀을 정의하는 스타일 가이드와 캐릭터를 만드는 것이다. 그녀는 조선일보와의 인터뷰 기사에서 다음과 같이 말했다. "캐릭터 아티스트는 점 하나도 그냥 찍지 않아요. 미키 마우스를 그릴 때 머리와 눈알 크기, 팔다리 굵기까지 지켜야 할 규칙이 100개는 돼요. 눈썹 위치만 달라져도 아티스트들은 바로 알아채죠. 캐릭터 원형을 지키기 위해 연습하고 또 연습해야 해요. 저는 캐릭터 아티스트 경력 11년을 가지고 디즈니에 입사했지만 1년 동안은 마치 신입사원처럼 훈련을 받았어요." 디즈니에서는 점 하나도 신중하게 찍는다. 이러한 점 하나가 시사하는 바는 다음과 같다.

첫째, 늘 최고를 추구하는 디즈니의 '완벽주의'.

둘째, 모든 직원에게 깊숙이 밴 디테일을 중시하는 '조직문화'.

셋째로, 치열한 시장 경쟁에서도 굳건한 '콘텐츠'가 바로 그것이다.

그렇다면 다른 기업들의 상황은 어떨까? P&G, 유니레버 등 주요 소비재 기업에서 시작된 '고투마켓'Go-To-Market(이하 GTM) 전략 수립 방식은 이미 대부분의 글로벌 소비재 기업들이 채택하고 있다. 해당 체계를 가진 기업들은 매 시즌 GTM 계획을 짜고 실행하는 동안, 눈 깜짝할 사이에 1년이라는 시간이 훅 지나간다. GTM이란 소비자와 만나는 모든 접점에서 일관성 있고 탁월한 '옴니채널' 경험 – 각 유통 채널의 특성을 결합해 어떤 채널에서든 같은 매장을 이용하는 것처럼 느낄 수 있도록 한 쇼핑 환경을 제공하는 강력한 '통합 시장 전략'을 말한다. 각각의 채널에서 소비자를 만족시키느냐 못하느냐가 GTM 전략의 성패를 가른다고 해도 과언이 아니다. 이와 같은 이유로 GTM을 계획하는 것은 마케터에게 가장 중요한 핵심 역량 중 하나이다.

옴니채널 라틴어의 모든 것을 뜻하는 '옴니omni'와 제품의 유통 경로를 의미하는 '채널channel'이 결합한 합성어로 소비자가 온라인, 오프라인, 모바일 등 다양한 경로를 넘나들며 제품을 검색하고 구매할 수 있도록 한 서비스를 말한다.

우리는 정교하고 세밀하게 설계된 GTM 전략을 통해, 더 많은 '브랜드 옹호자'를 확보할 수 있다. 브랜드 옹호자란 바로 '팬과 같은 소비자'를 말한다. 이들은 자발적으로 제품이나 브랜드를 홍보하고, 다른 잠재 소비자와도 적극적으로 소통하는 충성도 높은 소비자 집단이다. 이들은 연예인이나 운동선수의 팬과 유사한 특성을 지닌다. 예를 들면, 미국의 스케이트보드·스트리트웨어 브랜드 슈프림은 전 세계적으로 품절 대란을 일으키며 막강한 팬덤을 보유하고 있다. 1994년 뉴욕 소호의 작은 가게에서 시작한 슈프림은 어느새 문화와 패션 시장을 점령했다. 변화의 흐름은 가속화되었지만 슈프림은 여전히 패션계 모두가 탐내는 최고의 컬래버레이션 파트너이다. 마치 인기 연예인들을 보기 위해 팬들이 진을 치고 기다리는 것처럼 언제나 슈프림 매장 앞에 길게 늘어선 줄을 볼 수 있다.

이렇듯 브랜드를 확실하게 지지해주는 '확고한 옹호자'를 만드는 것은 무엇보다 중요하다. 마케터는 이러한 지지층을 만들어내기 위해 A부터 Z까지 꼼꼼한 GTM 계획을 짜야 한다. 흔히 마케터의 기본 자질은 아이디어, 상상력, 창의력이라고 생각한다. 그러나 마케터의 가장 중요한 자질은 철저한 인과 관계에 기반한 '꼼꼼함'이다. 그래야 촘촘한 GTM 계획을 짤 수 있다. 즉, 소비자와 브랜드가 만나는 모든 접점에서의 '하나의 목소리와 하나의 메시지One Voice, One Message'는 결코 우연히 만들어진 것이 아니다. '세상에 우연은 없다.' 이것은 마케

원인과 결과의 관계. 시간상으로 연결된 두 사건의 선후 관계가 우연이 아닌 '필연적으로 연결된 관계'를 말한다.

터가 만들어낸 필연이다. '역시 마케터는 계획이 다 있구나.' 이렇듯 전달하고자 하는 메시지가 인과 관계 구조에 맞게 잘 전개되면, 그 안에 강력한 논리와 설득력이 생긴다.

마케터에게 "이 정도면 됐다."는 없다

글로벌 톱 기업들의 GTM에는 어떤 비밀이 있을까. 마케터의 GTM 계획은 '논리적 사고'와 '창의적 사고'를 응축한 결정체이다. 즉, 논리적 사고를 통해 사고의 전개 과정에서 작용하는 전후 주장과 근거 사이에 관계가 올바로 되어 있는가를 성찰하고, 창의적 사고를 통해 새로운 것을 만들어낸다. 논리적 사고와 창의적 사고는 여러 가지 상황에서 상호 교류작용을 한다. 이제 마케터는 잘 설계된 GTM 계획을 '스토리텔링'을 통해 소비자에게 좀 더 구체적으로, 알기 쉽게 전달하면 된다. 즉, 이야기를 통해 소비자와 소통하는 것이다. 스토리텔링은 단순한 '서사'를 뜻하지 않는다. 예를 들어, 아디다스의 우먼스 캠페인, 'I GOT THIS, 난 해낼 거야'의 경우도 "이른 아침 이불을 걷어차고 나오는 것만큼 운동할 때 가장 힘든 건 없죠!"라고 소비자에게 먼저 말을 건넨다. 그리고 다양한 여성들에게 새해 운동 결심을 하게 하고, 목표에 도달할 수 있도록 스토리텔링을 통해 영감을 준다. 이러한 스토리텔링은 상상 이상의 힘이 있어서, 소비자의 공감을 끌어내는 데 중요한 역할을 한다.

narrative 사건이 진행되어 가는 과정이나 인물의 행동이 변화되어 가는 과정을 시간의 흐름에 따라 차례로 이야기하는 서술 방법을 말한다.

카네기 멜런 대학교의 인공 지능 분야의 선구자인 로저 섕크 교수는 "인간의 기본적인 인지 구조는 단편적으로 나열되어 있는 정보보다는 이야기의 흐름 속에 담겨 있는 정보를 더 잘 이해하고 기억하도록 되어있다."고 말한 바 있다. 이렇듯 스토리텔링은 소비자와 효과적으로 소통하며 진정성 있는 메시지를 전달하는 창구 역할을 한다. 그러나 주의할 점이 있다. 스토리텔링을 통해 소비자를 가르쳐서는 안 된다. 그렇다고 억지로 강요해서 될 일도 아니다. 소비자가 스토리에 대해 어떻게 생각하는지 그리고 무엇을 얻을지는 스토리를 듣는 소비자의 자율성에 맡겨야 한다. 그래야 브랜드와 소비자 사이에 자연스럽고 강력한 공감대가 형성될 수 있다.

혹자는 이렇게 말한다. "갖고 싶은데 이유가 어딨어. 그냥 사는 거지." 그렇다. 소비자는 그냥 별 이유 없이 충동 구매할 수 있다. 그러나 마케터에게는 '소름 돋는 치밀함'이 생존의 필수 항목이다. 즉, 그 치밀함 속에는 정교한 인과 관계 논리가 숨어 있는 '전략적인 GTM 계획'과 소비자들의 마음을 사로잡을 수 있는 '탁월한 스토리텔링'이 있어야 한다. 그래야 소비자의 가려운 부분을 제대로 찾아서 시원하게 긁어줄 수 있다. 마케터에게 "이 정도면 되겠지."는 없다. 그래서 마케터는 점 하나도 그냥 찍지 않는다. 이 작은 점 하나가 결국 차이를 만들어내고 변화를 끌어낸다. 기억하자. 나비의 작은 날갯짓이 날씨 변화를 일으키듯, 마케터의 점 하나는 마케팅 캠페인 성공 여부에 상당한 영향을 미칠 수 있다.

소비자가 지각하는 브랜드 가치에만 집중한다

마케터는 소비자가 진정으로 원하는 가치가 무엇인지 알고 싶어 한다. 하지만 소비자들이 소중하게 여기는 가치를 정확하게 파악하는 데 한계가 있다. 다만 대략 추정해 볼 뿐이다. 미국 펜실베이니아 대학교 와튼 스쿨의 마케팅부 패티 윌리엄스 교수는 요즘 젊은 소비자의 대표격인 밀레니얼 세대는 자신이 중시하는 가치에 귀 기울이는 브랜드와 강력한 유대관계를 형성하며, 이를 기준으로 브랜드를 선택한다고 규정한다. 패티 윌리엄스 교수는 "많은 기업이 소비자에게 어떤 브랜드 가치를 전달할 것인가를 고민하고 있지만, 문제는 그들이 너무 큰 대중mass 시장을 목표로 하고 있다. 타깃 시장을 세분화하고 명확히 규정한 뒤 접근해야 브랜드 마케팅이 가능하다."고 말했다. 사람은 모두 다르다. 많고 많은 사람에게 어필하는 것은 쉽지 않다. 그렇기에 타깃 시장을 명확히 하고 그 시장의 소비자가 중요하게 생각하는 가치에 집중해야 한다. 그 가치를 100% 아는 것은 현실적으로 불가능하지만 말이다.

2018년 나이키 'Just Do It' 30주년 기념 캠페인 광고에는 NFL(미국프로풋볼) 선수 콜린 캐퍼닉이 등장한다. 콜린 캐퍼닉은 2016년 미국 경찰의 흑인 과잉 진압 논란이 불거졌을 때 경기 전 국민의례를 하는 대신 무릎을 꿇는 퍼포먼스를 시작한 최초의 인물이다. 그 이후로 스포츠계에선 선수들이 무릎을 꿇는 것은 인종 차별에 항의한다는 의미로 통한다. 나이키는 콜린 캐퍼닉의 사진과 함께 '모든 걸 희생해야 하더라도 신념을 가져라 '는 광고 카피를 넣었다. 해당 광고가 공개되자 백인 우월주의를 외치는 지지자들과 인종 차별 반대자들로 극명하게 편이 갈렸다. 콜린 캐퍼닉을 비난하는 사람들은 나이키 제품을 불태우며 불매운동을 촉구했다. 도널드 트럼프 전 미국 대통령도 트위터로 나이키를 비난하는 트윗을 올렸다. "나이키는 분노와 불매운동으로 완전히 죽어가고 있다.", "나이키는 무슨 생각을 하고 있나?" 그러나 며칠 뒤 깜짝 놀랄 만한 소식이 전해졌다. 나이키의 온라인 매출이 전년 동기간 대비 31% 증가했다는 보고서가 나온 것이다. 광고 공개 직후 급락했던 주가도 캠페인 이전 수준을 회복했다. CNBC도 '나이키의 논란을 매출로 연결하는 방법'이라는 제목으로 나이키에 대한 분석을 내놓으며, 대부분의 빅 브랜드들은 논란거

· Believe in something. Even if it means sacrificing everything.

리와 큰 위험을 피하려고 하지만 나이키는 이를 모두 감내하고 정면 승부를 한다고 평가했다. 광고의 가장 큰 목적은 소비자의 시선을 끌어당겨 자사의 브랜드와 제품을 강하게 인식시키는 데 있다. 그런 측면에서 볼 때 콜린 캐퍼닉을 등장시킨 나이키 광고는 소비자들의 눈을 제대로 사로잡은 성공적인 사례로 볼 수 있다. 나이키는 애매모호하게 뭉뚱그린 타깃이 아니라, 젊은 층과 흑인들을 향해 화살을 좀 더 날카롭게 조준했다. 그리고 이들의 인종 차별에 대한 저항과 도전 정신 등을 강조하며 타깃 소비자가 추구하는 가치를 광고에 고스란히 담았다.

　이렇듯 '가치 소비'를 늘리는 게 목적이라면 먼저 타깃을 뾰족하게 세분화하는 것에서 시작할 필요가 있다. 젊은 소비자들은 브랜드 가치가 자신의 신념과 부합할 때 해당 브랜드를 선택하고 지지한다. 그래서 품질 하나로만 승부할 것이 아니라면 제품에 가치를 담아야 하는 것이다. 과거엔 제품을 생산할 때 원가나 품질만을 고려했다면, 이제는 가치를 반드시 고려해야 하는 시대가 됐다. 우리는 흔히 통계를 통해 밀레니얼과 Z세대의 전반적인 소비 성향에 대해서 이러쿵저러쿵 이야기한다. 그런데 마케팅 일을 시작하고 나서 느끼는 거지만 사람을 뭉뚱그려 일반화하는 것 자체가 무리수라는 생각이 들곤 한다. 사바사 인 게 우리의 현실이다.

자신이 지향하는 가치를 포기하지 않는 대신, 가격 등 다른 요소들을 세밀하게 따져서 지출하는 것을 말한다.
'사람 by 사람'의 줄임말로 사람에 따라 다르다는 뜻.

나이키는 대학 시절 나의 최애 브랜드였고, 아디다스에 근무하는 동안은 경쟁사이자 배우고 싶은 기업이었다. 나이키는 어느 순간 소비자가 진정으로 원하는 것을 콕콕 집어내는 것을 넘어서, 소비자의 숨겨진 잠재 욕구와 니즈를 꿰뚫어 보는 혜안을 가지고 시장을 선도하고 있다. 2018년 미국 뉴욕 맨해튼 중심부에 오픈한 대규모 플래그십 스토어 – '하우스 오브 이노베이션 000'은 말 그대로 혁신의 집약체였다. 중국 상해 하우스 오브 이노베이션 001에 이어 두 번째로 오픈한 대규모 플래그십 매장이었다. 그리고 2020년 프랑스 파리에 하우스 오브 이노베이션 002를 열었다. 하우스 오브 이노베이션 000을 방문하는 소비자들은 층마다 혁신적인 기능을 통해 개인적이면서도 반응성이 뛰어난 환경에서 더욱 스마트하고 편리한 서비스를 즐길 수 있다. 이 거대한 매장은 미국 현지인들이 20여 년 전 뉴욕의 오리지널 나이키 타운을 처음 방문했을 때 기억했던 몰입감을 떠올리게 한다고 했다. 나도 대학교 2학년 여름방학 때 갔던 뉴욕의 나이키 타운의 웅장한 규모감에 압도되었던 기억이 생생하다. 서울에선 꿈도 못 꿀 성지처럼 느껴졌을 정도이니 말이다.

하우스 오브 이노베이션 000은 나이키 디지털 커머스 데이터를 기반으로 초개인화를 실현하고 있다. '나이키플러스' 회원들은 휴대폰으로 간단하게 제품을 예약한 후, 매장 내 디지털 락커에 제품을 보관할 수 있다. 가끔 쇼핑을 하다 보면 마네킹이 입고 있는 옷 한 벌을 그대로 쫙 빼입고 싶을 때가 있지 않나? 그럴 땐 '숍 더 룩Shop The Look'

기능을 이용해 마네킹의 코드를 스캔하면, 마네킹이 입고 있는 모든 품목을 탐색해, 매장 내 본인에게 맞는 사이즈가 있는지 확인해서 바로 탈의실에서 입어보는 것이 가능하다.

　마케터들이 흔히 범하기 쉬운 실수 중 하나는 혁신적인 제품을 출시하면서 마케터가 하고 싶은 말만 하는 것이다. 소비자들은 새로운 것에 대해 흥미와 호기심을 가질 수도 있지만, 한편으로는 익숙하지 않은 것에 대한 불안함과 불편함을 느끼기 쉽다. 따라서 소비자가 자연스럽게 익숙해질 수 있도록 다양한 체험 기회를 마련해 주는 것은 무엇보다 중요하다. 그래서 어느 순간 마케터들에게 '소비자 체험'은 가장 중요한 화두가 되었다. 나이키 하우스 오브 이노베이션 000의 사례는 소비자의 가려운 부분을 긁어줄 때 혁신은 시작된다는 것을 오롯이 보여준다. 매장 자체가 소비자가 지각하고 필요하다고 판단되는 '가치의 집약체'라고 해도 과언이 아니다. 지금 우리는 새로운 세상에서 오프라인 매장의 역할에 대해 끊임없이 고민한다. 과연 오프라인 매장이 필요할까. 하지만 분명한 사실은 오프라인 매장에서만 제공할 수 있는 가치는 명확하게 존재한다는 것이다.

변화하는 리테일 트렌드

그림 2

2012 채널 이동 / 오프라인 스토어 폐점
인터넷의 발달이 촉발한 이커머스가 새로운 유통 채널로 등장하며
리테일러들은 온·오프라인 채널을 구분한 사업 모델을 구축했고,
이에 오프라인 스토어의 주도권을 상실하기 시작함.

2014 옴니채널 리테일링 / 디지털의 영향력
고객 경험 측면에서 온·오프라인 구분 없는 채널을 초월한
서비스 제공의 필요성이 대두되었으며,
옴니채널을 구현하는 디지털 기술에 대한 관심이 집중됨.

2015 고객 경험 / 모든 것의 브랜딩화
맞춤형으로 제안되는 고객 경험에 대한 니즈가 증가하고,
차별화된 경험과 충족된 니즈가 로열티를 형성하는 순환 구조에 따라
리테일러들 또한 고객 가치에 근거한 경험을 제공하는 데 집중하기 시작함.

2017 오프라인 스토어의 부활 / 온라인 기업의 오프라인 스토어 진출
오프라인 스토어가 다시 리테일의 중심으로 돌아오고 있으며,
아마존, 알리바바와 같은 온라인 기업들의 오프라인 스토어 진출을 야기함.

출처 | 딜로이트 애널리시스

지금껏 나만 몰랐던 마케팅 기술

근대 건축의 개척자로 꼽히는 독일의 건축가 루트비히 미스 판 데어 로에는 성공한 비결이 무엇이냐는 질문을 받을 때마다 "신은 디테일에 있다."라는 대답을 내놓았다고 한다. 이는 거대한 규모의 아름다운 건축물일지라도 사소한 부분까지 최고의 품격을 지니지 않으면 결코 명작이 될 수 없음을 의미한다. 이제 우리가 할 일은 명확하다. 소비자가 어디에 반응하고 무엇을 원하는지 촉각을 곤두세워야 한다. 그러고 나서 첫째도, 둘째도, 셋째도 디테일이다. 소비자에게 디테일의 끝을 보여주어야 한다. '꼭 이렇게까지 할 필요가 있나?'라는 질문을 던지겠지만 소비자가 본인의 선택에 대한 후회가 없도록 우린 맡은 바 책임을 다해야 한다. 분명한 사실은 우리 제품이 소비자에게 가치가 있어야 한다는 것이다.

짧아지고 있는 전략 라이프 사이클에 촉각을 곤두세우다

'모든 일에는 때가 있다.' 그리고 '인생은 타이밍'이란 말은 귀에 딱지가 앉도록 들었다. '때' 즉, 타이밍이란 무엇을 하느냐 못지않게 언제 하느냐가 중요하다는 뜻이다. 어떤 분야를 막론하고 타이밍의 중요성은 아무리 강조해도 지나치지 않는다. 다른 분야도 마찬가지겠지만 특히 마케팅은 타이밍이 생명이다. 혹자는 '절대 어제의 일로 후회하지 마라!'고 하지만, 마케터를 하면서 타이밍 때문에 '하필 이때…' 또는 '이때 했어야 했는데 타이밍 잘못 잡았어.'라는 아쉬움을 쏟아낼 때가 한두 번이 아니었다.

이러한 타이밍과 맞물려 있는 것이 '시즌 마케팅'이다. 쉽게 말하면 특정 시기나 계절과 같은 시즌 이슈를 활용한 마케팅을 말한다. 예를 들어, 개최 시기가 정해져 있는 스포츠 3대 빅 이벤트(올림픽, 월드컵, 아시안 게임) 또는 매번 품절 대란을 일으키는 스타벅스의 서머와 크리스마스 e-프리퀀시 프로모션도 일종의 시즌 마케팅으로 볼 수 있다. 이것만 보아도 타이밍이 마케팅에 있어 매우 중요한 요소라는 것은 더 강조할 필요가 없다.

특히 글로벌 스포츠 브랜드의 양대 산맥인 나이키와 아디다스에게 스포츠 이벤트를 활용한 마케팅은 무엇보다 중요하다. 스포츠는 기업과 소비자를 연결하는 가장 강력한 매개체 중의 하나이다. 그래서 내가 근무했던 아디다스 또한 월드컵 시즌에는 축구 마케팅에 올인한다. 월드컵 이벤트는 지구촌을 뜨거운 축구 열기 속에 몰아넣어 열광의 도가니로 만드는 강력한 플랫폼이다. 참고로 FIFA(국제축구연맹) 월드컵은 단일 종목으로 열리는 스포츠 행사 중 세계적으로 가장 큰 규모를 가진 대회로, 4년을 주기로 개최된다. 올림픽이 도시를 중심으로 개최되는 데 반해, 월드컵은 국가가 중심이 되어 열린다는 데 그 차이가 있다.

2018 러시아 월드컵에서는 독일을 대표하는 아디다스와 미국을 대표하는 나이키, 투 톱 브랜드의 활약이 단연 돋보였다. 그 당시 아디다스는 독일, 스페인, 아르헨티나 등 12개국의 대표팀을 후원해 축구 명가의 자리를 굳건히 지켰다. 나이키도 10개국의 대표팀을 후원했다. 1998년부터 FIFA를 공식 후원해 온 아디다스는 나이키와의 역대 전적에서 월등히 우세했다.

각종 국제 축구 대회를 주관하며, 특히 각 대륙별 연맹이 원활하게 국제 경기 등을 운영할 수 있도록 지원하고 관리하는 '세계 축구의 중심체'로서의 역할을 수행한다.

그러나 스포츠 마케팅 측면에서 2018 러시아 월드컵의 숨은 승자는 나이키로 꼽는다. 그 이유는 결승 진출국이었던 프랑스와 크로아티아 모두 나이키 로고가 새겨진 유니폼을 입고 있었기 때문이다. CNBC가 '진짜 월드컵 결승은 프랑스 vs. 크로아티아가 아니다, 나이키 vs. 아디다스다'라는 상세한 분석 기사를 게재했다. 해당 내용에 따르면 아디다스가 후원했던 12개국 대표팀 중 독일 대표팀 투자 비용에만 약 5,670만 달러(약 639억 원)가 들었다. 그리고 나이키도 프랑스와 영국 대표팀에 약 9,600만 달러(약 1,082억 원)를 쏟아부었다고 하니… 어마어마한 투자 금액만 놓고 봐도 나이키와 아디다스가 사활을 거는 건 어찌 보면 매우 당연하다.

사실 스포츠라는 건 변수도 많고, 운도 작용한다. 그럼에도 불구하고 월드컵과 같은 빅 스포츠 이벤트는 소비자로 하여금 브랜드에 대해 호감을 갖게 할 수 있는 최고의 시즌 마케팅임에는 분명하다. 장기적인 관점에서 보면 월드컵은 기업이 미래의 충성 고객과 접점을 만들 수 있는 더할 나위 없이 좋은 기회다. 바로 이러한 이유 때문에 스포츠 이벤트에 대한 기업의 관심은 더욱 높아지고 있다. 코카콜라가 FIFA의 가장 오랜 협찬사인 걸 보면, 이러한 관심은 꼭 스포츠 브랜드에만 국한되는 건 아니다. 그러나 간과하지 말아야 할 사실은 나이키와 아디다스 모두 월드컵이 단순히 핫하기 때문에 뛰어든 것이 아니다. 스포츠 브랜드로써 충분히 가치 있는 일이라고 판단했고, 더불어 누구보다 잘 할 수 있는 기반이 닦여 있었기 때문에 두 브랜드모두 거액을 투자하며 경쟁에 뛰어들 수 있었다.

타이밍을 쉽게 판단할 수 있는 '시즌 마케팅'에 대해서는 큰 이견이 없을 것이다. '타이밍의 예술'이라고 불리는 주식은 같은 종목을 거래하더라도 그것을 사고파는 때에 따라서 수익이 천차만별이다. 그렇다면 시즌 마케팅을 제외한 일반적인 마케팅 캠페인의 타이밍도 치밀하게 계획적으로 예측하는 것이 가능할까? 이제 기업의 마케팅 전략 수립은 기존 3개년, 5개년 장기 계획에 지나치게 의존하지 않는다. 한 치 앞도 모르는 게 인생 아니던가. 마케팅도 마찬가지이다. 다만 예측할 수 없다고 해서 수동적으로 따라가거나 주먹구구식으로 대처해야 한다는 건 아니다. 짧아지는 추세에 있는 전략 라이프 사이클에 대해 좀 더 신중하게 합리적인 접근이 필요하다는 뜻이다. 한 가지 팁을 공유한다면, 심플하게 육하원칙을 적용해 보는 것을 권한다. '무엇을 → 왜 → 언제 → 누구에게 → 어디서 → 어떻게' 해당 순서대로 생각해 보면 복잡했던 머릿속이 깔끔하게 정리된다.

무엇을	출시할 제품이 무엇인지
왜	사람들이 우리 제품을 왜 구매해야 하는지 (이 부분은 마케터로서 꼭 스스로에게 묻고 답해보자. 일단 우리 자신을 설득해야 소비자를 설득할 수 있다.)
언제	소비자들은 이게 언제 필요할까 (앞부분에 강조한 타이밍이다.)
누구에게	이것이 필요한 사람은 누구인지 (뾰족한 핵심 타깃을 정해야 한다.)
어디서	메인 스테이지가 온라인일지 오프라인일지
어떻게	타깃마다 다양하게 나타나는 미디어 소비 양상을 고려해 미디어와 비히클 을 어떻게 선정할 것인지

실제로 외국계 기업을 경험해 본 사람들은 공감하겠지만 '언제 = 타이밍'에 해당하는 제품 출시 일정을 한국 지사에서 결정하는 건 쉽지 않다. 본사에서도 가장 적절한 타이밍을 고려해서 출시 일정을 정했고, 전 세계가 동시에 움직여야 시너지가 난다고 보기 때문이다. 다만 이런 변수는 있을 수 있다. 아디다스의 경우 다양한 파트너와의 컬래버레이션 제품을 출시한다. 예를 들면, 일본 브랜드 하이크, 마우지, 일본 디자이너 니고 등 그 종류도 다양하다. 그러나 일본 정부의 수출 규제로 촉발된 시민들의 일본 제품 불매운동이 온·오프라

---

vehicle 미디어를 구성하는 동종 집합체. 예를 들면, 잡지의 비히클은 데이즈드, 보그, 엘르 등이 이에 해당된다.

인 상에서 다양한 형태로 확산되고 있다면, 일본과 관련된 제품의 마케팅을 진행하는 건 맞지 않다. 마케팅 한 번 잘못했다 대중들의 싸늘한 시선과 함께 언론의 뭇매를 맞기 십상이다. 그래서 마케터는 다양한 관점에서 타이밍을 입체적으로 접근할 필요가 있다. 섣부른 예측이 어렵기 때문에 늘 촉각을 곤두세워야 한다. 어차피 마케터의 시간은 소비자보다 반 박자 또는 한 박자 빠르다. 경쟁에서 살아남기 위해선 빠르게 돌아가는 시간에 쫓기기보다 시간을 주도적으로 운영할 필요가 있다.

끝까지 완성하게 만든다

　요즘 가장 핫한 '뉴트로 음악 장인' 1996년생 작곡가 겸 프로듀서이자 싱어송라이터인 박문치. 그녀는 패션 매거진 보그와의 인터뷰에서 곡 작업을 할 때 특별한 규칙이나 습관에 대해 묻자 "갑자기 재미있는 작업이 하고 싶을 땐 후다닥 달려가 6~7시간이 어떻게 지나갔는지 모를 정도로 집중을 해요. 반면에 데드라인이 있는 작업은 최대한 데드라인까지 미뤄놓다가 마감 직전에 고도의 집중력을 발휘해 마치곤 하죠."라고 답했다. 그리고 "영감은 주로 어디에서 얻나요?"라는 기자의 질문에 이렇게 답했다. "이곳저곳 정말 다양한 곳에서 받지만 아무래도 최고의 영감은 데드라인이에요."

　인터뷰 기사를 읽는데 피식 웃음이 났다. 너무나도 격하게 공감하는 포인트였다. 특히 나 같은 경우에도 마케터이기 때문에 '새로움'과 '영감'이 필요할 때가 많다. 아디다스에서도 매 시즌 '고투마켓'^{Go-To-Market}

(이하 GTM) 계획을 짜고 실행하는 동안, 눈 깜짝할 사이에 1년이라는 시간이 혹 지나갔다. 이 과정에서 머리를 쥐어짜서라도 소비자가 혹할 만한 플랜 하나는 나와야 한다.

GTM 여정은 약 1년 6개월의 사이클이 계속 반복된다. 해당 사이클은 론칭하기 약 1년 6개월 전 '커머셜 인풋Commercial Input'으로부터 시작하는데 이는 다른 말로 표현하면 '글로컬화'라고도 볼 수 있다. 1년 6개월 단위에서 이미 짐작했겠지만, 최소 세 시즌이 한꺼번에 돌아간다. 지금이 2021년 1월이라고 가정하면, 2021년 봄/여름과 가을/겨울 그리고 2022년 봄/여름 시즌이 톱니바퀴처럼 맞물려 돌아가는 것이다. 과거에 다국적 기업들은 나라마다 다른 문화적 차이를 고려하지 않았다. 세계 각국은 저마다 다른 언어와 역사, 종교, 사회 제도, 가치관 등을 가지고 있는 데도 말이다. 하지만 이제는 대부분의 다국적 기업들이 국가별 특성을 고려해야 해당 국가에서 서로 시너지를 낼 수 있다는 걸 인지하고 있다. 나라마다 소비자의 취향과 기호가 다르다. 그래서 신제품 개발 단계부터 자국의 현황을 본사에 지속적으로 업데이트하는 것은 필수다. 물론 업데이트 한다고 해서 100% 반영되는 것은 아니지만 말이다. 커머셜 인풋의 기본적인 취지는 각 나라의 의견을 수렴해 소비자에게 먹히는 제품 개발을 하는 것이다. 비즈니스가 성공하기 위해서는 제품이 잘 팔려야 하는 것은 너무나

'글로벌global'과 '로컬local'이 결합한 합성어로 세계화와 함께 현지화를 추구하는 것이다.

당연하다. 소비자 및 경쟁사 동향부터 현재 유행하고 있는 컬처까지. '이런 가격대의 이런 제품이 나왔으면 좋겠다.' 쉽게 말하면 국가별 위시 리스트라고 보면 된다. 본사는 각 나라 별 시시콜콜한 세부 사항에 대해 알 수 없다. 그래서 현황 및 변화의 흐름에 대해서 알려주는 건 어찌 보면 당연하다. 현지인만큼 속사정을 정확히 알기는 어렵다.

이제 마케터가 할 일은 본사에서 전달된 글로벌 GTM 플랜을 흡수해서 세일즈 등 유관 부서 구성원 모두의 이해도를 높이는 과정(내부에서는 이를 '핸드오버'라고 부른다)을 거쳐, 궁극에는 한국 실정에 딱 맞는 로컬 GTM 플랜을 탄생시키는 것이다. 반복되는 사이클을 돌 때마다 문득문득 드는 생각은 내가 그다지 창의적인 사람은 아닌 거 같다는 사실이다. 그러나 어느 정도 시간이 지나고 나서야 깨달았다. 마케터의 '창의성'은 반짝이는 아이디어라기보다, 주어진 시간 내에 집중력 있게 완성해내는 결과물이다. 잠도 자야하고 데드라인은 있고… 나도 사회초년생일 때는 미처 깨닫지 못했다. 대부분의 마케터가 시간에 쫓기더라도 절대 포기할 수 없는 항목이 '완성도'이다. 그래서 혹자는 말한다. 시간을 조금 더 들이면 완성도가 높아질 수 있다고… 그러나 내 의견은 조금 다르다. 주어진 시간 안에 끝낼 수 없다면, 그 완성도는 의미 없다고 본다. 슬프지만 그것이 현실이다. 데드라인을 명확하게 지키는 것은 선택이 아니라 필수다.

타임 푸어 로 데드라인에 쫓기다 보면 해야 할 일의 목록이 머릿속

---

time poor 일에 쫓겨 자신을 위한 자유 시간이 없는 사람.

에 항상 꽉 차 있을 때가 있다. 그럴 때면 나는 임도 보고 뽕도 딸 수 있는 즉, 머리도 식히면서 교양도 쌓을 수 있을 것만 같은 교양형 예능을 즐겨보곤 한다. 몇 년 전에 tvN 예능《알아두면 쓸데없는 신비한 잡학사전》을 무척 인상 깊게 본 적이 있다. 에디슨의 '영감'을 주제로 펼쳐진 대화에서 뇌 과학자 정재승이 에디슨의 명언인 '천재는 99%의 노력과 1%의 영감으로 만들어진다.'를 재해석했는데 무척 신선하게 다가왔다. 그는 "이 명언이 노력이 중요하단 것처럼 들리지만, 이 이야기의 핵심은 오히려 반대다."라며 에디슨과 어느 잡지사가 한 인터뷰 내용에 대해 들려줬다. 잡지사 기자의 "당신의 성공 비결은 무엇인가?"란 질문에, 에디슨은 "99%가 노력이다. 그러나 많은 사람이 노력한다. 다만 난 그들이 가지고 있지 않은 1%의 영감이 있다."고 답했다고 한다. 이 대답은 마치 99%의 노력이 중요하다는 말처럼 들린다. 하지만 이 이야기의 핵심은 오히려 반대라고 했다. 99%의 노력은 당연한 일이다. 단 1%의 영감이 중요한데, 엄청난 노력을 해야 확률이 높아진다는 것이다. 에디슨은 3,400여 권의 노트가 있었다고 한다. 영감 비슷한 것만 생겨도 계속 메모를 한 것이다. 99%의 노력은 당연한 일이며, 마지막 1%까지 채워야 천재가 될 수 있다는 말이었다고 전했다. 순간 갑자기 머리가 띵해졌다. 나는 고작 이 정도의 노력을 하고 영감 타령을 한 것인가. 평생을 기록한 노트가 3,400권이라니… 영감 1%를 위한 개인의 노력이 저 정도인데, 소비자에게 영감을 불어넣어야 하는 기업과 조직 구성원이 노력에 얼마나 많은 시간과 자원을 투입해야 할지 가늠하기조차 어렵다.

급변하는 환경과 치열한 경쟁 속에서 아무리 잘나가던 기업이라도 노력을 게을리한다면 쇠퇴기는 언제든 올 수 있다. 치명적인 위험에 노출되는 건 생각보다 어렵지 않다. 그 옛날 소크라테스도 미래의 불확실성에 대해 "인간사에는 안정된 것이 하나도 없음을 기억하라. 그러므로 성공에 들뜨거나 역경에 지나치게 의기소침 하지 마라."고 말하지 않았던가. 어렵게 쌓아올린 성공도 자칫하면 한 방에 무너질 수 있다. 한때 피처폰 최강자로 군림했던 LG전자는 2021년 7월 31일 자로 휴대폰 사업을 종료하기로 결정했다. 2015년 이후 6년간 4조 7천억 원의 영업 손실을 기록했다. 과거 글로벌 컨설팅사 맥킨지앤드컴퍼니는 스마트폰을 '찻잔 속의 태풍'으로 평가절하하며 피처폰에 집중해야 한다는 자문 결과를 내놓았다. 완전히 잘못된 방향이었다. 이는 LG전자의 스마트폰 사업을 지연시킨 주요 원인으로 꼽힌다. 늦어버린 타이밍이 아쉬웠다. 결국 LG전자 휴대폰은 끝내 역사의 뒤안길로 사라지게 됐다.

타이밍이 생명이다. 알맞은 시기에, 알맞은 채널을 통해 알맞은 소비자와 소통하려면 준비가 필요하다. 즉, 철저한 시간 관리하에 준비된 최적의 전략과 최고가 되기 위한 최선의 노력을 기울여야 한다. 기업마다 그 특성에 따라 약간의 차이는 있겠지만 주요 흐름은 크게

· 어떤 사건이 특정한 상황에 태풍처럼 큰 영향을 줄 것으로 기대되었지만, 실제로는 그 위력이 약해서 그 일에 별 영향을 미치지 못할 경우를 비유하는 말.

다르지 않다. 제품을 소비자에게 선보이기 전까지 그 이면에는 '끝까지 완성하게 만드는' 저력이 존재한다. 그 저력은 기업이 시간의 흐름에 따라 단계별로 구분해 놓은 전략 체계와 어떠한 목표하에서도 그것을 달성할 때까지 끈질기게 물고 늘어지는 근성에서 나온다.

　때로는 영감을 기다릴 여유조차 없다는 건 잘 안다. 그러나 사무실 자리에 앉아서 일단 빠져나갈 여지가 없다는 걸 인식하고 나면, 우리의 선택은 하나다. 완벽한 소비자 경험을 위해 주어진 시간 내에 마케팅 계획을 수립하고 실행하는 것이다. 피할 수 없으면 즐기라는 말이 있지 않나. 데드라인이라는 부담감을 즐겨보는 건 어떨까? 주변인들이 종종 데드라인에 허덕이는 나를 보며, 진짜 즐기는 거 맞냐고 핀잔을 줄지도 모르겠다. 여담이지만 어떨 때는 이 데드라인이 고맙기도 하다. 시작이 있으면 끝이 있고, 끝이 있으면 또 새로운 시작이 있기 때문이다. 그다지 만족스러운 결과를 얻지 못하는 경우라도, 데드라인 자체가 어쨌든 끝을 맺게 해주는 매개체임은 분명하다. 주어진 시간은 유한하다. 그러니 주어진 시간 안에 무엇이 됐든 끝까지 완성해내자.

자사의 독창성 구축에 집중한다

대공황 이후, 세계 최고 부자는 석유 사업으로 막대한 부를 축적했던 장 폴 게티였다. 여느 부자와 달리 그는 돈에 관한 생각을 공개적으로 밝혀왔다. 심지어 '부자 되는 법'이라는 제목으로 미국의 성인 잡지 플레이보이에 글을 연재하기도 했다. 그는 부자가 되는 방법에 대해 "당신이 부자가 되기를 원한다면 돈을 많이 버는 사람을 찾아서 그 사람이 하는 대로 따라서 하라."고 권한다. 즉, 부자의 사고방식과 습관을 따라 하면 누구나 부자가 될 수 있다는 점을 피력한 것이다.

좀 더 피부로 와 닿는 현실적인 예를 들면, 전교 1등인 학생이 '30분 공부, 10분 휴식' 법칙을 쓴다고 하자. 이는 30분 동안 시험 범위 전체를 빠르게 훑어본 후, 10분 쉬고 다시 30분 동안 놓쳤던 부분을 3~4회 반복하며 다시 확인하는 것이다. 과연 전교 꼴등이 이 법칙을 그대로 따라 한다고 1등이 될 수 있을까? 이러한 공부 루틴을 만든다고 해서 하루아침에 꼴등이 1등이 되는 것은 만만치 않다. 이 법칙의 핵심은 30분, 10분 분 단위로 시간을 쪼개는 게 아니다. 자신에게 최적화된 공부 방식을 찾아 그것을 루틴으로 세팅해서 끊임없이 반복하는 순환을 만드는 것이다.

마케터도 마찬가지이다. 우리는 항상 1등 브랜드의 마케팅을 부러워하고 그들의 전략에 대해 궁금해 한다. 우리도 예산이 많으면 그 정도는 할 수 있지 않을까? 그러나 마케터 10년 차가 되었을 때 비로소 깨달았다. 1등 기업의 마케팅 방식에는 특별한 비법이나 비결이 있는 것이 아니다. 그 기업이 어떤 사고방식을 가지고 전략을 세우는지. 좀 더 근본적인 관점에서 바라볼 필요가 있다. 조직의 내부 시스템에 갇혀 기존에 해오던 비즈니스 전략과 실행 방식을 고수하면서 겉모습만 화려한 마케팅에만 매달린다고 해서 저절로 1등이 되는 건 아니다.

2017년 아디다스는 '오리지널' 캠페인을 론칭하면서, 20세기 미국의 대중음악을 대표하는 아티스트 중 하나로 손꼽히는 프랭크 시나트라의 대표곡 '마이 웨이'를 리믹스한 음악으로 구성된 캠페인 영상 – '오리지널리티, 그 무한한 진화(Original is never finished)'를 함께 공개했다. 해당 캠페인 영상은 광고계의 아카데미상과 같은 2017년 칸 라이언즈 크리에이티비티 페스티벌 에서 엔터테인먼트 포 뮤직 부문의 그랑프리를 차지했다. 심사위원장을 맡았던 유니버설 뮤직 그룹의 올리비에 로버트-머피는 지나칠 만큼 많이 사용되고 있는 프랭크 시나트라의 명곡 《마이 웨이》를 통해 아디다스 브랜드가 말하는 오리지널리티(독창성)는 과연 어떤 것인지 그리고 창조성이란 무엇인지 재조명하는 계기가 된 작품이라고 평가했다.

내가 해야 할 일을 했어

끝까지 해냈지

어떤 예외도 없이 계획한 대로 나만의 좌표를 그리며

한 발씩 걸어갔어

아무도 가지 않은 길을 따라서

무엇보다도 가장 중요한 건

내 방식대로 해냈다는 사실

힘든 시간도 있었어

너도 잘 알 거야

불가능해 보였던 모험의 순간들

수많은 의심 속에서

단 한 번도 포기하지 않고

다시 일어섰어

정면으로 당당하게

– '오리지널리티, 그 무한한 진화(Original is never finished)' 캠페인 중에서 –

아디다스 캠페인은 어떻게 보면 마르고 닳도록 사용해서 식상할 수도 있는 '마이 웨이'를 통해 '창의성'이 무엇인지를 제대로 증명해

creativity '새롭고, 독창적이고, 유용한 것을 만들어내는 능력' 또는 '전통적인 사고방식을 벗어나서 새로운 관계를 창출하는 능력' 등 다양한 개념을 의미한다.

보였다. 연령이 높은 소비자에게는 익숙함 속의 새로움을… 그리고 이 노래를 전혀 모르는 연령이 비교적 낮은 10대 소비자에게는 신선함과 색다름을 주었으니 말이다. 어른들은 요즘 애들은 무슨 생각을 하고 사는지 모르겠다고 말하고, 아이들도 마찬가지로 어른들을 모르겠다고 말하는 세상에서 이렇게 모든 연령대를 아우르는 콘텐츠를 만들어 모두에게 영감을 주기란 쉽지 않다. 대부분의 사람들은 창의성이라고 하면 '무언가 새로운 것'을 만들어내고, '무에서 유를 창조하는 것'이라고 생각한다. 그러나 어차피 하늘 아래 새로운 것은 없다고 하지 않나. 조금만 다른 각도에서 생각해 보면 스티브 잡스가 왜 이런 말을 했는지 단번에 이해할 수 있다. "창의성이란 단순히 사물을 연결하는 것이다. 만약 당신이 창의적인 사람들에게 어떻게 그런 일을 해냈느냐고 묻는다면 그 사람들은 약간의 죄책감을 느낄 것이다. 왜냐하면 그들이 실제로 한 것이 아니라 무언가를 봤기 때문이다. 그들은 경험했던 것들을 서로 연결함으로써 새로운 것을 탄생시킬 수 있었다. 그들이 그렇게 할 수 있었던 이유는 폭넓은 경험과 깊이 있는 고민이 있었기에 가능했다."

이렇게 저력을 발휘하는 콘텐츠의 탄생 배경에는 콘텐츠를 소비하는 소비자에 대한 깊은 이해와 고민이 전제되어 있다. 때로는 경쟁사 동향을 살피느라 정신이 없어 소비자가 뒷전으로 밀릴 때도 있다. 주변 상황을 살피는 것도 중요하지만 소비자에 대해서만큼은 한순간도 방심해서는 안 되고 어떤 상황에서도 끝까지 집중력을 유지해야 한다. 때로는 '저마다의 고유한 개성을 가진 예민한 소비자들을 어떻게 다 만족시킬 수 있겠느냐?'고 불평불만이 저절로 튀어나오기도 한다. 어차피 소비자가 원하는 것은 손에 잡힐 듯 잡히지 않는 신기루 같은 존재다. 결국 중요한 것은 흐트러지지 않는 집중력이다. 소비자에 집중하는 마케팅을 통해서만 결국 우리가 원하는 목표에 다다를 수 있다. 모든 마케터들은 내 브랜드가 넘사벽 브랜드가 되기를 강하게 열망한다.

이제 우리가 해야 할 일은 단 세 가지뿐이다.

첫째, 시장에서 소비자가 원하는 가치가 무엇인지를 파악한다.

둘째, 이 가치를 경쟁력 있게 소비자에게 제공한다.

마지막으로, 끝까지 소비자에게서 시선을 떼지 않는다. 더 깊은 몰입감을 경험할 수 있는 브랜드만이 시장에서 살아남을 수 있다.

'넘을 수 없는 사차원의 벽'의 줄임말. 아무리 노력해도 자신의 힘으로는 격차를 줄이거나 뛰어넘을 수 없는 상태를 가리키는 말.

Key Point #7
고수는 변화를 즐긴다

급변하는 시대에도 본질에 집중한다

영화 《신의 한 수》는 프로 바둑 기사에 관한 이야기이다. 한 분야의 전설, 재야 고수 에 대한 이야기는 언제나 흥미로운 소재다. 영화에는 이런 대사가 등장한다. "세상은 고수에게는 놀이터지만 하수에겐 생지옥이다." 나는 특별하지 않은 그저 평범한 사람으로 살고 있기 때문에 고수들의 사고 과정과 문제 해결, 행동 방식이 나와는 어떻게 다른지 항상 궁금해했던 것 같다. 영화가 끝날 무렵 주인공들은 이런 대화를 주고받는다. "신의 한 수가 존재할까?"라는 물음에, "우리 삶에 신의 한 수는 없다. 그냥 하루하루 묵묵히 사는 게 최선의 수다."라는 대답이 되돌아왔다. 나는 한편으로 공감이 되면

바둑이나 장기 따위에서 수가 높은 사람 또는 어떤 분야나 집단에서 기술이나 능력이 매우 뛰어난 사람.

서도 다른 한편으로는 씁쓸한 생각이 들었다. 너무 욕심내지 말고, 너무 집착하지 말고, 주어진 삶에 만족하며 묵묵히 살라는 뜻인가 싶어서 말이다.

당나라의 바둑 고수 왕적신이 정리했다고 전해지는 10가지 바둑 전략 '위기십결'에 나오는 첫 번째 항목이 승리를 탐하지 말라는 뜻의 '부득탐승'이다. 너무 이기려고만 하면 오히려 결과를 그르칠 수 있다. 이기려는 마음이 지나치게 강할수록 욕심에 눈이 멀어 정확한 수를 읽을 수 없기 때문이다. 현실에서도 마찬가지다. 감정이 앞서다 보면 자칫 일을 잘못되게 하는 경우가 많다. 이때 필요한 것이 바로 평정심이다. 하지만 사람인지라 승리를 원하는 건 어찌 보면 당연한 일이다. 나도 함께 일하는 동료들이 승승장구하는 것을 보며 남들만큼 잘하고 싶어 실력보다 의욕이 앞설 때도 많았다.

흔히 우스갯소리로 하는 말이 있지 않은가. 하수는 주어진 기회도 놓치고, 중수는 기회가 주어지면 잡고, 고수는 없던 기회도 만들어 낸다고. 나는 최근 몇 년간 나이키 행보를 보면서 '경지에 이른 고수는 앉아서 천 리, 서서는 만 리를 본다.'는 말을 떠올렸다. 정말 대단하다는 말밖에 나오지 않는다. 2017년 나이키는 아마존닷컴에 입점해 제품을 직접 판매하기 시작했다. 이는 온라인에서 불법 유통되고 있는 짝퉁 제품 근절을 위해 필요한 조치였다. 아마존은 브랜

지금껏 나만 몰랐던 마케팅 기술

드 레지스트리 를 통해 유명 브랜드의 상품 판매 및 불법 복제품 등을 관리하고 있다. 그래서 장기적으로 지적 재산권 침해를 방지할 수 있다는 것이 아마존의 설명이다. 그 당시 블룸버그는 나이키의 아마존 입점 결정을 두고 매출 증가를 노린 전략이라고 평가했고, CNBC는 나이키가 아마존과 협업을 시작할 때부터 나이키 내부에서는 자사몰 등의 온라인 판매 위축을 이유로 반대 의견이 강했다고 전했다.

그러나 2년이 조금 지난 2019년 나이키는 아마존에서 전격 철수한다고 발표했다. 기존 계획을 완전히 뒤집어 버린 것이다. 나이키 대변인은 "소비자와 좀 더 직접적이고 개인적인 관계를 만들고 싶다."고 그 이유를 밝혔다. 아마존 판매자들이 거대 유통 공룡 아마존에게 제기하는 가장 큰 불만 중 하나가 아마존이 고객 관계를 통제한다는 것이다. 즉, 판매자들은 고객과의 관계를 직접 관리할 수 없고, 아마존에서 제공한 고객 정보 데이터만 이용할 수 있다. 직접적인 방식의 고객 관계 구축이 불가능한 것이다. 물론 간접적인 방식을 통해 개인화와 고객 경험 제공이 아주 불가능한 건 아니다. 하지만 고객 경험에 있어 드라마틱한 혁신을 실현하는데 어려움이 따르는 건 사실이다.

아마존 내에 셀러 브랜드를 등록하는 것. 이를 통해 고객에게 브랜드에 대한 풍부하고 신뢰도 높은 정보를 제공해 판매량 증가를 기대할 수 있고, 장기적으로는 브랜드 인지도를 통해 사업을 확장할 수도 있으며, 아마존 내 지적재산권 침해를 방지할 수 있다.

아마존 철수 이후 나이키는 직접 판매(Direct-to-Consumer, D2C)에 집중했다. 이는 2017년 나이키가 발표한 '소비자 직접 공략^{Consumer Direct Offense}' 전략과 맥을 같이한다. 2020년 사임한 나이키 전 CEO인 마크 파커는 해당 전략을 공표하며 "스포츠의 미래는 진화하는 소비자의 니즈를 철저하게 이해하고 대응하는 회사에 의해 결정될 것이다. 이 전략을 통해 핵심 시장을 공략하고 그 어느 때보다 빠르게 제품을 공급하는 디지털 시장에서 더 공격적으로 움직일 것이다."라고 강하게 피력했다. 이 전략은 나이키의 '트리플 더블 전략 - 2X 혁신, 2X 스피드, 2X 소비자와의 직접적인 커넥션'으로 구체화 된다. 즉, 세 가지 영역에서 2배 이상의 속력을 내겠다는 것을 의미한다. 지금의 D2C 전략이 세 번째 '2X 소비자와의 직접적인 커넥션'의 결과물이라고 봐도 무방하다.

그 결과 2020년 매출은 전년 대비 9% 증가, 온라인 판매는 84%의 놀라운 증가세를 기록했다. 이러한 D2C가 성공한다 해도 기업들이 제3자 유통 채널을 완전히 기피하는 것은 아니다. 실제로 나이키도 다른 유통 채널과의 파트너십을 반대하지 않는다는 점을 분명히 밝혔다. 나이키 대변인은 "우리는 다른 리테일러 및 플랫폼과의 강력하고 차별화된 파트너십에 지속적으로 투자할 계획이며, 전 세계 고

제조사가 가격 경쟁력을 높이기 위해 중간 유통 단계를 제거하고 자사몰 등에서 소비자에게 직접 제품을 판매하는 방식.

retailer 상품의 생산자 측에서 보는 백화점이나 전문점 등의 소매업자를 말하는 용어.

객에게 더 완벽한 쇼핑 경험을 제공할 것이다."라며, 좀 더 유연하게 차별화된 고객 경험을 창출할 수 있는 파트너들과 협력의 문은 언제나 열려 있다고 강조했다.

나이키가 아마존에 입점할 당시와 달리, 그 어느 때보다 '경험'을 중시하는 거대한 흐름은 거스를 수 없었다. 변화의 소용돌이 속에 휘말려 있다 보면, 업의 본질은 소비자에게 가치를 제공해야 함에도 불구하고 이를 잊어버리기 쉽다. 하지만 나이키는 기존 의사결정을 번복하더라도 소비자를 위한 최선의 선택이 무엇인지 정확히 알고 있었기 때문에 이를 행동으로 옮길 수 있었다. 당장 눈앞에 닥친 일에만 치중하다 보면 궁극적으로 나아가야 할 방향을 잃어버릴 수 있다. 그때마다 '우리 회사는 왜 존재해야 하나?'라는 본질을 되짚어볼 필요가 있다. 이렇게 하면 길을 잃고 헤맬 염려가 없다. 여러 가지 변화무쌍한 상황에서 기업은 무엇보다 먼저 본질을 제대로 파악해야 올바른 방향으로 나아갈 수 있다. 누군가를 따라 하는 데 급급하기보다 '절대 흔들리지 않는 본질'에 집중해야 한다.

소비자는 자신의 니즈를 충족하기 위한 구매 여정 속에 있다. 우리가 소비자의 구매 여정별 접점에 다다르기까지 그 과정이 얼마나 험난할지 순조로울지는 미지수다. 그렇기 때문에 우리는 소비자와 '능동적으로 관계를 구축'할 필요가 있다. 단순히 소비자에게 대응하는 것으로는 소비자를 만족시킬 수 없기 때문이다. 변화에 속수무책으로 휩쓸릴 것인가? 아니면 그 변화를 즐길 것인가? 분명한 건 한 단계 도약하는 계기가 될 혁신에는 반드시 변화가 필요하다. 또 그 혁신은 우리 비즈니스에 새로운 부가가치를 창출할 수 있다. 그래서 우리는 오랫동안 굳어진 타성에 안주하지 않도록 항상 주의해야 한다. 그때마다 이런 질문을 해보자. '험난한 파도 속에서도 우리 기업은 본질과 변화에 집중할 준비가 되어 있는가?'

매력적인 브랜드에는 이유가 있다

비하인드 에피소드

거부할 수 없는 매력을 가진 사람들은 나름의 이유가 있다. 과연 나는 어떤 종류의 매력을 갖고 있을까? 매력 포인트라고 해서 꼭 뛰어난 외모여야 한다는 것은 아니다. 물론 외모가 무시할 수 없는 요인임에는 분명하다. 외모는 면접에서 상당한 플러스 요인이다. 뿐만 아니라 어떤 분야에서는 외모 하나로 승부를 볼 수도 있다. 하지만 사람을 단지 외모로 평가한다는 것은 다양한 인격과 무궁무진한 가능성을 가진 사람을 과소평가하는 것 같아 안타까운 마음이 든다. 내가 외모로 승부하는 과는 아니라서 이렇게 생각하는 거겠지? 하긴 곰곰이 생각해보면 나도 매력을 어필하는데 시간이 조금 걸리는 것 같다. 조금이라는 기준은 사람마다 다 다르겠지만 말이다.

그렇다면 소비자의 마음을 사로잡는 매력적인 브랜드는 뭐가 다를까? 내가 콕콕 집어낸 일곱 가지 핵심 포인트만 봐도 알겠지만 매력적인 브랜드는 그 자체만으로도 사람들에게 '흔들리지 않는 믿음'을 준다. 절대 나를 배신하지 않을 것 같은 믿음이랄까. 다른 말로 표현하면 해당 브랜드의 제품을 사고 나서 돈이 아깝다는 생각이 전혀 들지 않아야 한다. 이탈리아 디자인 거장인 아킬레 카스틸리오니는 다음과 같이 말했다. "디자인은 유행을 타지 않아야 한다. 좋은 디자인이란 시간이 흘러 닳아 없어질 때까지 지속되는 것이다." 브랜드도 이와 맥락을 같이 한다고 본다. 디자인과 마찬가지로 매력적인 브랜드 또한 오랜 시간이 흘러도 유행을 타지 않는다.

팬데믹 상태가 장기화되면서 온·오프라인 매장을 동시에 운영하고 있는 리테일 브랜드 간 빈익빈 부익부 현상이 심화되고 있다. 명품 업계는 불황을 모르고 매출이 쑥쑥 늘어나는데 반해 매출 감소로 경영상 어려움을 겪고 있는 브랜드들도 꽤 많다. 주요 언론에서는 해외여행이 막히자 사람들의 보복 소비 가 일면서 명품 시장이 뜨거워졌다고 분석한다. 하지만 내 생각은 조금 다르다. 사람들이 더 확실하고 안전하게 돈을 쓰는 방법에 집중하는 것이라고 보인다. 즉, 하나를 사더라도 제대로 된 제품을 구입하려는 소비 경향이 더 짙어진 것이다. 돈 쓰고 후회하는 일이 없어야 한다는 믿음이 더욱 강해졌달까.
나도 불과 몇 년 전까지만 해도 연예인들이 공항에서 들었던 가방들을 눈여겨봤다가 그것들을 즉흥적으로 구매한 적이 많다. 고가나 중가 사이에 어정쩡하게 포지셔닝 되어 있거나 유행을 타는 디자인

외부 요인에 의해 억눌렸던 소비가 한꺼번에 분출되는 현상을 일컫는다.

지금껏 나만 몰랐던 마케팅 기술

의 명품 백을 사는 바람에 요즘은 사용하지도 않을뿐더러, 들어간 돈이 아까워서 차마 버리지도 못하고 집에 처박혀 있는 것들이 한두 개가 아니다. 유행도 이미 지나가 버려 당근마켓에 내놓는다 해도 헐값에 내놓지 않는 한 팔리지도 않는다. 그때 차라리 사고 싶은 걸 참았다가 돈을 모아서 에르메스나 샤넬을 샀으면 이런 낭패는 없었을 텐데 하는 후회가 밀려온다. 만약 그때로 돌아간다면 과거의 나를 뜯어말리고 싶은 생각이 매우 간절하다. 사실, 마음 속 깊은 곳에서는 '가방 살 돈으로 삼성전자 주식을 샀어야 했는데…'라는 생각이 들기도 한다. 그때나 지금이나 에르메스, 샤넬 모두 굳건하고 견고한 지존의 자리를 지키고 있다. 강력한 브랜드 가치가 그들에 대한 매력도를 떨어뜨리지 않는 것이다.

나는 2019년 투미에 입사해 현재 마케팅 커뮤니케이션 팀을 이끌고 있다. 마케터의 눈으로 봐도 투미는 꽤 괜찮은 브랜드다. 각자가 생각하는 '괜찮다'에 대한 기준은 사람마다 다르다. 내가 생각하는 기준은　　　돈을 보람 있게 쓴 거 같아야 한다.　　　유행을 타지 않아야 하지만 유행에 뒤쳐져서도 안 된다.　　　　　꾸민 듯 꾸미지 않은 듯한 자연스러운 느낌을 줄 수 있어야 한다. 말하고 보니 지극히 개인적이고 까다로운 기준이다. 고슴도치도 제 새끼는 함함하다 한다지? 내가 보기에 투미는 특유의 수수하면서도 지적인 매력이 있다. 억지스럽게 꾸미지 않아도 멋스럽다. 이렇게 괜찮은 브랜드가 작년

털이 보드랍고 반지르르하다.

한 해 동안 매출 압박에 시달렸다. 국내 비즈니스 구조 상 면세 매출 비중이 큰 편이다. 확실히 면세 비중이 큰 것이 발목을 붙잡았다. 하늘길이 막힌 불가피한 상황 탓에 실적이 나빠지는 건 어찌 보면 당연했다. 작년 내내 살얼음판을 걷는 기분이었다. 자연스럽게 마케팅에 투자하던 비용도 적어졌다. 그러다 보니 별다른 마케팅 활동을 하지 않았다. '눈에서 멀어지면 마음에서도 멀어진다.' 이러다가 소비자와의 거리가 완전히 멀어지는 거 아닌가 살짝 걱정되는 순간도 많았다. 일단 하늘길이 열려야 생존할 수 있다. 위기를 딛고 일어서야 한다.

얼마 전 tvN 《유 퀴즈 온 더 블럭》에 아티스트 니키 리가 나와 남편인 배우 유태오와의 러브 스토리를 공개했다. 그녀는 유태오의 무명 생활이 너무 길어지다 보니 평생 고생을 하겠거니 하고 오히려 마음을 내려놨었다고 한다. 그런 어려움을 누구보다 잘 알고 있었던 유태오는 아르바이트를 하려고 했지만 그녀는 그걸 못하게 했다고 한다. 이유는 아주 간단명료했다. "힘들어도 너의 소년미를 잃어버리면 안 된다. 풍파에 치이면 얼굴이…"라는 예상치 못한 대답을 내놓았다. 덧붙여 "소년미가 매력인데 그걸 잃어버리면 어떻게 그의 매력을 어필할거냐."라는 이유에서였다고 답했다. 정말이지 멋짐이란 게 폭발했다. 브랜드도 마찬가지 아닐까? 어떤 상황이 와도 브랜드 본연의 매력을 잃어버려서는 안 된다. 사상 최악의 위기 상황이라고 해서 소비자의 감정이나 정서에 호소하는 감성팔이를 한다든지, 원초적인 브랜드 매력의 근간을 흔들어버리는 행동을 해서는 안

지금껏 나만 몰랐던 마케팅 기술

된다. 그럼 정말 돌이킬 수 없는 위험한 상황에 직면할 수도 있다. '매력적인 브랜드'가 되는 것도 어렵지만, 어렵게 얻은 매력도를 유지하는 것도 그에 만만치 않게 어렵다. 그래서 마케터는 한순간도 긴장을 놓칠 수가 없다.

PART 4

절대 지루해지지 않는
마케터가 되는 법

마인드를 세팅하라,
어차피 멘탈이 최고의 무기다

현장에서 뛰는 사람에게
'운칠기삼'은 없다

    우리네 마케터, 넓게는 직장인 인생을 보면, 노력한다고 해서 다 성공하는 것은 아닌 상황 때문에 좌절하곤 한다. 그리고 우리를 더욱 슬프게 하는 현실은 업무 성과가 훌륭하다고 해서 반드시 인정을 받는 것도 아니라는 사실이다. 캠페인 결과 보고를 할 때가 되면 으레 등장하는 말이 있다. '영업 실적이 잘 나오면 영업을 잘해서 또는 제품이 너무 좋아서, 영업 실적이 형편없으면 마케팅을 못 해서…' 이처럼 결과가 좋으면 모든 찬사를 세일즈 팀의 공으로 돌리는 경우를 종종 보곤 한다. 마케터인 우린 고생은 고생대로 하고 욕은 욕대로 먹는구나! 울화통이 치밀기도 한다. 그렇다고 억울함에 따질 수도 없는 일이다.

    우리는 모든 것을 비교하고 평가해서 점수를 매기는 세상에 살고 있다. 즉, 타인의 평가에 따라 성공 아니면 실패 두 가지 극단적인 유형으로 나눈다. 그러나 무엇보다 중요한 것은 일의 완성도에 대한 나의 기준을 세우고, 그 일을 해나가는 과정에서 성취감과 기쁨을 느끼는 자세다. 그래서 성공했다고 너무 기뻐하거나 실패했다고 너무 슬퍼하며 순간순간 일희일비할 필요가 없다. 물론 실패할 때면 어김없이 현타˙가 온다. 이런 상황을 마주했을 때 멘탈이 중요하다. 실패했다고 자책만 할 것인가. 대부분의 마케터는 모든 문제의 원인을 자신에게서 찾는다. 물론 남 탓부터 하는 민폐형 인간보다는 훨씬 낫지만 말이다.

우리는 누구나 실패할 수 있다. 다만 실패를 어떻게 받아들일 것인지가 더 중요하다. 실패의 순간을 잘 헤쳐나갈 수 있는 최고의 무기는 멘탈이다. 모든 건 마음먹기에 달려있다. 그러기 위해서는 마케터에게는 오뚝이처럼 다시 일어서는 '실패 내성failure tolerance – 실패를 견디고 일어서는 힘'이 필요하다. 혹자는 말할 것이다. "오뚝이처럼 일어난다는 게 말처럼 쉽지 않네요." 나도 안다. 심하게 멘탈이 털려서 다시는 일어서지 못할 것 같은 순간. 이리 치이고 저리 치여서 멘붕˙ 직전에 도달한 상태. 이렇게 고군분투하며 존버˙ 하는 현실을… 성공하려면 반드시 실패를 겪어야 하냐고 묻는다면, 자신감 있게 "네, 그렇습니다."라고는 말하지 못하겠다. 나도 실패할 때마다 허공에 대고 '난 왜 안 되지. 왜 난 안 되지.'를 되뇌었다.

˙ '현실 자각 타임'의 줄임말.
˙ '멘탈 붕괴'의 줄임말.
˙ 견디고 또 견딘다는 뜻의 은어.

누구나 실패를 두려워한다. 나도 사회초년생 때는 실패할 것 같으면 차라리 아무것도 하지 않는 편이 낫다고 생각했다. 그만큼 실패가 두려웠다. 그러나 지금은 실패를 통해 성장하고 발전할 기회를 가질 수 있다고 굳게 믿고 있다. 이렇게 실패를 담담하게 받아들이게 된 데에는 이유가 있다. '인간은 신이 아니다.' 즉, 마케터는 신이 아니지 않는가. 모든 완벽한, 정확히는 완벽한 듯 보이는 마케팅 캠페인 계획이 반드시 성공을 보장하지는 않는다. 또한 마케터를 위한 '마케팅 성공 공식'도 존재하지 않는다. 그렇다고 실패할 때마다 "이번엔 운이 나빴어."라며 책임을 운 탓으로 떠넘기기만 할 것인가.

우리는 '운칠기삼'이라는 말을 흔히 쓴다. 이 말은 중국의 기이한 옛이야기를 담은 《요재지이》에서 왔다. 출세를 못 한 어느 한 사람이 억울함을 따지러 옥황상제에게 갔는데, 이 옥황상제 앞에서 운명의 신과 정의의 신이 술 내기를 하는 모습을 보았더니 7대 3으로 운명이 이기더라는 설화에서 유래했다고 한다. 이렇듯 사람들은 운칠기삼이라고 부를 만큼 운이 중요하다고 믿는다. 누군가는 자신의 능력보다 더 큰 성취를 이루기도 하고, 또 누군가는 자신의 능력만큼도 인정받지 못하기도 한다. 성공을 가르는 기준은 운일까, 능력일까.

마케터에게 운칠기삼은 없다

실리콘밸리 스타트업 액셀러레이터(투자육성 회사)인 '와이콤비네

運七技三 재주가 아무리 뛰어나도 그 역할은 30% 남짓하며, 성공하는 데는 내가 통제할 수 없는 운의 역할이 70% 정도 된다는 것을 뜻한다.

이터'(이하 YC)는 에어비앤비(숙박 공유), 드롭박스(파일 공유·저장), 트위치(게임 스트리밍) 등 유니콘 기업들(기업 가치 1조 원 이상의 스타트업)을 키워낸 곳으로 유명하다. YC는 능력과 성장 가능성을 최우선으로, 기업에 '시드 머니'라는 운을 부여한다. 즉, 시작은 미약했던 스타트업들이 거액의 투자라는 운을 통해서 창대한 성공에 이르게 되는 것이다. YC로부터 투자를 받으려면 구체적으로 어떤 요건을 갖춰야 할까? YC에는 네 가지 투자 원칙이 있다고 한다고 한다.

이해도 자신의 사업 아이디어를 간결하게 설명할 수 있어야 한다.

팀워크 어떤 사람들이 팀을 구성하고 있는지, 그들과 함께 무언가를 만들어본 경험이 있는지 그리고 서로 신뢰하는지이다.

모방 불가성 모방을 막을 수 있는 '특별한 무언가'를 가지고 있느냐를 따진다. 다른 누군가가 비슷한 아이디어를 가지고 있을 가능성이 있기 때문이다.

확장성 그 아이디어가 많은 사람에게 중요한 것인지를 본다.

이렇듯 YC 사례만 보더라도 운칠기삼은 없다. 시드 머니라는 운이 따라오기 전에 능력과 성장 가능성의 근간을 마련하고, 이를 제대로 입증할 수 있는 완벽한 준비가 되어있어야 한다. 그러므로 현장에서 뛰는 사람에게 운칠기삼은 없다. 준비된 실력은 운의 힘보다 훨씬 더 강력하다. 사실상 보이지 않는 운을 발견하는 것은 어렵다. 이에 반

시드 펀딩seed funding이라고도 하며, 투자자가 비즈니스의 일부를 매입하는 투자를 제안하는 형태를 말한다.

해 맡고 있는 업무의 결점은 선명하게 눈에 보인다. 그래서 그 결점을 파악하고 보완하는 것이 무엇보다 중요하다. 때로는 있는 그대로를 받아들이기 힘들 때도 있다. 그러나 그 단점을 객관적으로 냉철하게 바라볼 수 있어야 한다. 그래야 왜 실수가 일어났는지 타인에게 지적당하기 전에 내가 먼저 깨달을 수 있다.

현장에서 발로 뛰는 마케터가 운을 딛고 일어서 성공 가능성을 높이는 위해서는 어떤 상황에 처해 있든 항상 '협력적인 의사결정'을 이끌어내야만 한다. 이러한 이유로 협력적인 의사결정의 근간이 되는 '설득'이 가장 중요하다. 자기 자신부터, 다양한 내부·외부 이해관계자, 소비자에 이르기까지 마케터와 마주하는 모든 접점에 있는 사람들을 잘 설득할 수 있어야 한다. 설득에 성공하기 위한 몇 가지 기본 원칙들을 기억하자.

첫째, '역할과 책임'을 명확히 알아야 한다. 시장의 불확실성이 커질수록 현명한 마케터는 '나는 누구인가?'라는 질문에 대해 간단명료하게 답할 수 있다. 복잡한 상황으로부터 벗어날 수 있는 방법은 내가 처한 현실을 냉정하게 바라보고 행동하는 것뿐이다. 나도 15년이상 회사에 몸담고 있지만 합리적인 논리와 객관적인 근거로 설득해야 한다는 걸 머리로는 잘 알지만 막상 실천하기가 쉽지 않았다. 조직은 여러 팀들이 복잡한 이해관계로 얽혀 있다. 때로는 이러지도저러지도 못하는 불편한 상황에 처할 때가 너무도 많다. 이럴 때마다 해결 방법은 의외로 간단하다. 역할과 책임에 대해 확실하게 알

지금껏 나만 몰랐던 마케팅 기술

고 어디에도 쏠리지 않는 나만의 중심을 잡으면 된다. 이런 마인드를 중무장한 마케터는 복잡함을 헤치고 중심을 잡고 앞으로 나아갈 수 있다.

둘째, 곁가지가 아니라 '핵심'에 집중한다. 일단 모든 것을 만족시켜야 한다는 압박에서 벗어나자. 나를 포함해 사람이라면 누구나 하나부터 열까지 100% 만족할 수 없다. 나도 과거에 이 눈치 저 눈치 보느라 중요하지 않은 디테일까지 너무 신경을 쓰다가 지쳐버린 적이 한 두 번이 아니었다. 밤늦게까지 야근을 마치고 집에 오는 길에 하늘을 보며 한숨 쉴 일을 애초부터 만들지 않아야한다. "그래서 핵심이 뭐야?" 이 예리한 질문을 남들에게 받을 필요가 없다. 스스로에게 물어라. 핵심과 본질에서 멀어져 갈 길을 잃고 이리저리 헤매며 시간을 낭비할 때가 아니다.

셋째, 설득의 성공 확률을 높이기 위해서는 '유연성'만이 살 길이다. 특히 마케터는 시간의 흐름에 따라 주변 상황의 변화를 면밀하게 살피고 그 변화에 기민하게 반응해야 한다. 혹자는 조금은 무디게 세상을 살아가라고 조언할 때가 있다. 개인 생활은 아등바등 사는 것보다 조금 무뎌도 괜찮다. 그러나 내가 이제까지 경험한 마케팅 업무는 그렇지 않다. 조직 내에 많은 이해관계자들이 있겠지만 특히 마케팅 팀은 세일즈 팀과 업무상 자주 부딪히게 된다. 때로는 세일즈 팀은 마케팅 계획에 대해 현실이 어떻게 돌아가는지도 모르는 탁상공론이라고 비난의 목소리를 높이기도 한다. 그러다 보면 서로 이견을 좁히지 못한 채 목소리만 높이다 파행으로 치닫는 경우도 많다. 이래나 저래나 정답은 하나다. 구성원들은 공동의 목표를 달성하기 위해 협력해야 한다. 너무 구태의연하다고 생각할지도 모르겠다. 그러나 갈대는 허리를 굽히고 바람에 몸을 맡겨 뿌리가 뽑히는 것을 막을 수 있었다. 유연하지 않으면 급류에 휩쓸려 떠내려 갈 수 있음을 명심하자.

끝으로, '신뢰'가 생명이다. 높은 신뢰도를 유지하기 위해서는 아무리 작은 약속이라도 반드시 지켜야한다. 누구든 작은 것을 계속 쌓아가다 보면 큰 것에 이르게 된다. 상황이 여의치 않더라도 작은 약속 하나라도 최선을 다해 꼭 지키려고 한다면 진심은 통하기 마련이다. 신뢰는 직장 생활의 시작과 끝이라고 해도 과언이 아니다.

이제 우리는 크고 작은 실패에 좌절하며 주저앉아 있을 수만은 없다. 나는 남보다 운이 없는 사람이라고 비하만 할 것인가. 어떻게 하면 운을 압도할 능력과 성공 가능성을 키울 수 있을지 고민만 해도 24시간이 모자라다.

마케터는 조직 내외부의 다양한 이해관계자들 사이에 끼인 상황에 놓여 있기 때문에 필연적으로 스트레스를 받을 수밖에 없다. 만병의 근원인 스트레스를 어떻게 극복하고 관리할 수 있을까? 마케터의 스트레스 상황은 예측이 가능한 영역과 예측이 불가능한 영역, 이렇게 크게 두 가지로 나눌 수 있다.

예측이 가능한 스트레스 상황은 '성과'에 대한 것이다. 마케터는 성과에 살고, 성과에 죽는다고 해도 과언이 아니다. 사실 성과는 상황에 따라 좋을 수도 있고 나쁠 수도 있다는 것은 누구나 잘 알고 있다. 항상 좋을 수만은 없는 게 현실이다. 특히 시장 및 비즈니스 상황이 나쁠수록 조직 내부에서는 서로에게 칼을 겨누며 못 잡아먹어서 안달이 나기도 한다. 상대방을 공격하지 않으면 내가 공격당할 수 있다는 불안 때문인지 자신을 보호하기 위해 다양한 방어 기제를 사용한다. 피할 수 없으면 즐기라는 말도 막상 닥치고 보면 현실에서는 전혀 먹히지 않는다. 이런 상황을 누가 편하게 즐길 수 있겠는가. 나같이 샌드위치처럼 끼인 중간관리자일 경우 스트레스 정도는 더 심하다. 그럼에도 불구하고 어떻게 성과에 대한 스트레스를 현명하게 관리할 수 있을까? 이리 치이고 저리 치이면서 얻은 나름 쓸 만한 팁 몇 가지를 공유하고 싶다.

첫째, '일로 만난 사이' 그 이상도 그 이하도 아니라는 생각을 장착한다. 회사 안에서 각자 맡은 역할이 모두 다르다. 그러나 궁극적인 목표는 단 하나. 성과를 내야 한다. 다소 차갑게 느껴질 수도 있겠지만 회사는 정을 나누는 곳이 아니다. 하루 24시간 중 많은 시간을 회사에서 보내기 때문에 가족에게 기대하는 부분을 회사 동료에게 기대하기도 한다. 이는 가장 위험한 착각이다. 극단적으로 표현하자면 가족끼리는 돈을 적게 벌어온다고 해도 팽 당하지 않는다. 하지만 회사에서는 가시적 성과를 내지 못할 경우 팽 당할 수 있다. 이렇게 감정적인 부분을 최대한 배제하다 보면 성과에 대한 스트레스를 한 발짝 떨어져 냉정하게 바라볼 수 있다. 직장인으로서 성과에 대한 압박은 떼려야 뗄 수 없다. 마케터는 언제든지 공격받을 수 있는 포지션이다. 이건 이래서 저건 저래서 피드백이라는 말로 그럴듯하게 포장을 하고 있지만, 상대방이 내뱉은 말이 비수가 돼 꽂히기도 한다. 이런 말에 일일이 상처받을 필요가 없다. 앞서 말했지만 어차피 구성원 모두 일로 만난 사이다. 그럼 자연스럽게 나에 대한 나쁜 피드백 때문에 주눅 들거나 좌절하지 않는다. 왜 그런 피드백이 나왔는지 쿨하게 곱씹으면서 다음에 더 잘하기 위한 준비를 하면 된다. 나도 처음엔 어려웠지만 한두 번 연습 삼아 해보니 생각보다 어렵지 않았다. 첫술에 배부를 수 없다. 연습하다 보면 자연스럽게 몸에 밴다.

둘째, 인생은 어차피 독고다이다. 이 당부는 마음속에 깊이 아로 새겨야 한다. 너무 과한 거 아니냐고 할지도 모르겠다. 일을 해 나가는데 있어 중압감이 큰 건 어찌 보면 당연하다. 그렇다고 중압감이 커서 시도조차 못하는 나 자신을 발견했을 때 스스로에 대한 실망감이 더 클 수도 있다. 어쩌면 한 번 결정하면 바꿀 수도 없고, 엄청난 부담을 내가 오롯이 떠안아야 한다는 생각 때문에 머릿속이 더 복잡해질지도 모르겠다. 나 역시도 비슷한 감정을 종종 느낀다. 분명한 것은 주체적으로 삶을 살아갈 때 '나'라는 존재의 가치를 느낄 수 있다는 점이다. 하지만 여기서 분명히 할 것이 있다. 독고다이가 되라는 건 결코 이기주의자가 되라는 게 아니다. 개인사도 마찬가지겠지만 회사원으로 살아가면서 남들에게 민폐를 끼치는 것만큼 최악의 경우도 없다.

끝으로, 누울 자리를 보고 다리를 뻗어라. 눈에 보이는 성과와 함께 빠르게 인정받고 싶은 마음은 알겠다. 하지만 조급하게 성과를 빨리 내려고 하다보면 실수가 잦아지게 된다. 이는 돌고 도는 악순환의 고리이다. 업무상 실수가 잦아지게 되면 이로 인한 스트레스가 높아지게 된다. 그러면 집중력 저하로 또 다시 실수를 일으키게 된다. 누울 자리를 본다는 것은 내가 하고 있는 일에 대한 영역을 명확히 아는

스스로 결정하여 홀로 일을 처리하거나 그런 사람을 속되게 이르는 말.

것을 뜻한다. 그 영역을 분명하게 알고 있어야 회사에서 쓸데없이 에너지를 낭비하지 않고 효과적으로 사용할 수 있다. 한정된 에너지를 똑똑하게 써야 조금은 힘들고 퍽퍽한 직장 생활에서 숨통이 트인다.

최소한 이 세 가지만 실천해도 업무 성과에 대한 압박감으로 스스로의 머리를 쥐어뜯는 일이 줄어든다.

이와는 반대로 예측이 불가능한 스트레스 상황은 '사람'에 대한 것이다. 우리는 인간의 세계 즉, '인간계'에 살고 있지만 때로는 인간 같지 않은 인간을 만나는 불운을 겪기도 한다. 이럴 때 혹자는 원래 내 마음대로만 되지 않는 게 사회생활이라며 그냥 참는 게 답이라고 말하기도 한다. 정말 참는 게 답일까? 나는 참을 수 있는 영역이 있는 반면에 참을만한 가치가 전혀 없는 영역이 있다고 생각한다. 참을 수 있는 영역인지 아닌지 판단하는 나만의 기준은 간단하다. 대한민국 헌법에 나와 있는 그대로 '인간으로서의 존엄과 가치를 가지며, 행복을 추구할 권리'가 침해되지 않고 존중받을 수 있는지 여부이다. 하지만 이상과 현실은 다르다. 현실에선 좀처럼 지켜지지 않는 경우가 많다. 물론 두말할 것도 없이 참을만한 가치가 전혀 없는 영역은 폭언 및 인격모독성 발언을 서슴지 않는 상사 등이다. 이런 부류의 사람을 만났을 때 도망치는 것이 비겁하고 무책임한 일일까? 아니다. 도망치는 게 훨씬 현명하다. 참아 봤자, 내 영혼만 점점 더 너덜너덜해질 뿐이다. 참을 인이 세 번이면 호구 되는 세상이다.

예를 들면, 직장 내 괴롭힘의 유형 중에 '보고와 계획에 대하여 사소한 트집으로 인한 지속적인 반려와 수정 요구'가 있다. 이러한 상황에 처해 보지 않으면 과연 이런 게 괴롭힘에 포함될까 싶지만… 분명히 포함된다. 나도 직접 겪어보기 전까지는 몰랐다. 나 같은 경우는 보도자료 안에 부사격 조사 '에'와 관형격 조사 '의' 둘 중에 이게 맞는지 저게 맞는지 다시 한번 더 생각해 오라며 수십 차례 반려를 당해 봤다. 그것도 야근까지 시키면서 말이다. 그때 당시 나는 이미 경력 10년 차가 넘는 직장인이었다. 그런데도 어떻게 그걸 참을 수 있을까? 의문이 들겠지만, 막상 그 상황이 닥치면 좀처럼 판단이 서질 않는다. '덫에 걸린 쥐'가 된달까. 몇 개월 동안 거의 매일 이런(시비를 걸려고 작정한) 일들을 겪으면서 출근길 아침 지하철역 출구를 빠져 나갈 때마다 가슴이 답답하고 명치끝이 갑자기 심하게 쥐어짜듯 아팠다. 이러다가 원인불명으로 암에 걸릴 수도 있겠다는 생각을 막연하게 했던 것 같다. 그리고 깨달았다. 이 세상에는 상식이 통하지 않는 부류의 사람이 있을 수도 있다는 것을 말이다. 이제는 시간이 좀 지나서 수십 개 에피소드 중 하나로 편하게 이야기를 꺼낼 수 있지만, 그때는 노이로제 상태에 빠져 우울증 증상까지 나타날 정도였다. 그림에도 불구하고 꾸역꾸역 참으며 하루하루를 버텼다.

코너에 몰리면 몰릴수록 제대로 된 판단을 내리기 어렵다. 커리어에 관해 주변에서 흔히 듣게 되는 이야기는 경솔하게 퇴사하지 말라는 것이다. 경력에 공백이라도 생기면 하늘이 두 쪽 날 것처럼 말하며 회생이 불가능할 것 같은 심리적인 압박감을 준다. 그래서 나도 가슴속에 품은 사표를 내지 못했다. 그러던 어느 날 일을 마치고 녹초가 돼 집에 돌아왔는데 그동안 안쓰러운 모습 때문이었는지 그날 따라 엄마가 진수성찬을 차려주셨다. 그리고 몇 분이 흘렀을까. 갑자기 참았던 눈물이 한꺼번에 터져 나왔다. 몇 개월 동안 엄마에게 아무 이야기도 하지 않았지만 엄마의 무서운 육감이란… 내 낯빛이 흙빛으로 변해 가는 걸 바로 알아채셨던 것 같다. 엄마는 "세상에 할 일은 많다. 거기에 네가 할 일 없겠냐."며 짧지만 묵직한 한 마디를 해주셨다. 백 년 묵은 체증이 뚫리는 듯했다. 그 다음 날 바로 사직 의사를 밝혔다. 혹자는 이제 커리어가 꼬였다고 말했다. 그러나 내가 좋아하는 일을 오랫동안 하려면 멈추는 용기가 필요하다고 생각했다.

자발적 퇴사자이긴 했지만 소속감이 없다는 것은 사람을 불안하게 만든다. 나도 지금까지 어느 회사 소속의 어떤 직급이라고 나를 소개하는 타이틀에 더 연연하며 살아왔다. 여러 가지 일을 겪으면서 정작 중요한 것은 타이틀이 아니라는 점을 깨달았다. 어떻게 인생을 살아낼지. 이 부분에 대해서 더 고민하고 나를 돌아보는 시간이 필요하다고 판단했다. 그리고 '엎어진 김에 쉬어 간다.'고 했던가. 처음으로 '갭이어 '를 가져 보기로 했다. 어떻게 보면 갭이어는 직장인에게 더 필요한 시간이다. 하지만 말처럼 쉬운 일이 아니다. 경력과 월급을 스스로 포기하기란 쉽지 않다. 그래서 나도 내 몸과 마음이 무슨 말을 하는지 제대로 귀를 기울여 들어볼 수 있는 인생의 처음이자

gap year 원래 학생들이 여행, 봉사활동, 인턴십 등의 다양한 경험을 하며 흥미와 적성을 찾고 앞으로의 진로를 모색할 수 있는 기간을 말한다.

지금껏 나만 몰랐던 마케팅 기술

어쩌면 마지막 기회가 될지도 모른다고 생각했다. 처음 결심과 달리 나도 아무 준비 없이 덜컥 사표부터 냈던 터라 어찌 보면 불안과 초조는 당연한 반응이었다. 원래 채용 시장에서 이직은 모름지기 재직하면서 준비하는 것이 국룰이지 않은가. 그러나 직접 경험해 보지 않은 사람은 모른다. 이것도 최소한의 멘탈이 남아 있을 때나 가능한 일이다.

꿈같은 시간은 정말 순식간에 사라졌다. 내가 나에게 주는 선물과도 같았던 1년간의 갭이어가 끝나갈 무렵 헤드헌터를 통해 구직 활동을 시작했다. 헤드헌터 입장에서는 1년이라는 시간이 흔히 말하는 백수 생활, 사회생활의 공백기, 경력 단절로만 보였을 것이다. 그래서 헤드헌터로부터 업무에 대한 감이 다소 떨어져 보여서 서류전형에서 탈락할 수 있다는 피드백을 많이 받았다. 이직 시장에는 이직하고 싶은 직장인들이 차고 넘친다. 치열한 경쟁을 뚫어야 하는 것도, 극복하는 것도 내 몫이다. 그러나 무엇보다 중요한 건 막다른 골목에 다다랐을 때 모두 내려놓고 조금은 냉정하게 내 마음을 들여다보는 시간이 필요하다. 지금 해온 시간보다 앞으로 해야 할 더 많은 시간을 생각하며 조급해할 필요가 없다. 누가 뭐라 한들 나만의 방향과 속력을 가지고 살아가는 것은 무엇보다 중요하다. 하루하루 쫓기듯 살다 보면 내가 지금 가는 길이 맞는지 불안감이 엄습하며 목표를 잃어버릴 수도 있다. 그럴 때면 내 마음의 소리에 귀 기울여 보는 시간을 가져보자. 오늘 따라 유난히 구름 한 점 없는 맑은 하늘을 보며 코끝이 찡해질지도 모르겠다.

마케터의 취향, 방향, 속력 3박자를 담은
콘텐츠 큐레이션은 중요하다

온라인과 오프라인을 아우르는 '소비자 경험'의 역할은 그 어느 때보다 중요하다. 미국 종합 브랜드 대행사인 Agency EA에 따르면 미국 포춘이 선정하는 글로벌 500대 기업 내 700명 이상의 업계 전문가들을 대상으로 설문조사를 한 결과, 응답자의 92%가 '통합 경험 integrating experiential 마케팅'이 세일즈와 마케팅 성공을 위한 필수 요인이라고 답했다. 한동안 회사 내에서도 온·오프라인 통합 기반의 소비자 경험 콘텐츠를 만드는 데 혈안이 됐었다. 신제품 출시와 함께 새로운 캠페인을 론칭할 때마다 어떻게 하면 경쟁사와는 차별화된(경쟁사에서는 한 번도 선보이지 않은) 그러면서도 잊지 못할 소비자 경험 콘텐츠를 기획할 수 있을지 머리를 쥐어짜며 고민했다.

지난 10년 동안 경험 마케팅은 크게 세 가지 형태로 진화했다.

첫 번째, 제품이 무엇이 특별한지 소비자가 직접 체험하게 하는 것이었다. 백문불여일견. 직접 눈으로 확인하고 손으로 만져보게 하는 등 기본에 충실한 제품 체험 형태이다.

두 번째, 단순한 제품 구매에서 벗어나 다채로운 경험을 중시하는 트렌드가 확산되면서 팝업 스토어 등 다양한 형태의 체험 매장이 인기를 끌기 시작했다. 한때 신사동 가로수길은 팝업 스토어의 메카로 떠오르면서 공간을 단기 임대하는 곳이 우후죽순으로 생겨나기도 했다.

세 번째, 온라인과 오프라인을 하나로 연결하며 새로운 아이디어와 테크놀로지로 중무장한 어마어마한 규모의 메가급 스토어(업계마다 기준은 다르지만 300평 이상의 초대형 규모의 매장)가 생겨나기 시작했다. 물론 세 가지 형태 이외에 더 놀랄 만한 버전이 우리를 기다리고 있을지도 모르겠다.

각각의 유형별로 구체적인 예를 들어보면 다음과 같다. 첫 번째 형태는 단순한 제품 체험. 아웃도어 워터 슈즈를 론칭했을 때 일이다. '아디다스 고유의 클라이마쿨 기술력을 적용해 360도 모든 각도에서 유입되는 시원한 공기가 신발 내부의 열과 습기를 효과적으로 감소시켜 쾌적한 착화감을 느낄 수 있을 뿐만 아니라, 메시 소재의 어퍼와 배수 기능이 적용된 아웃솔은 통기성 및 물 빠짐 기능이 탁월하다.'라는 다소 긴 문장의 제품 USP 를 최대한 알리기 위해 체험 이

'떴다 사라진다'는 의미로 짧은 기간 일시적으로 운영하는 매장.
제품이나 서비스의 유일하고 독특한 이점.

벤트를 기획하기로 마케팅 방향성을 잡았다. 여러 아이디어 중 하나로 캐리비안 베이에서 체험 이벤트 진행을 두고서 설왕설래가 이어진 적이 있다. 비용도 만만치가 않았지만 여름 성수기 워터 파크의 인기가 어마어마하다 보니 그 많은 인파를 어떻게 효율적으로 운영할지 도저히 답이 보이지 않아 결국 포기했다. 많은 소비자에게 워터 슈즈를 알릴 수 있는 더할 나위 없이 좋은 기회이긴 했지만 과연 몇 명이나 체험이 될까 싶었다. 이때 당시에는 새로운 제품이 출시될 때마다 체험 이벤트를 최우선으로 고려했다. 백번 보는 것보다 한 번 경험하는 것이 낫다고 굳게 믿었다. 두 번째 형태는 팝업 스토어. 2017년 나이키는 에어맥스 탄생 30주년을 기념하기 위해 홍대에 '나이키 에어맥스 팝업'을 오픈했다. 해당 팝업 스토어는 2인조 아티스트 그룹 패브리커(김동규, 김성조 디자이너)가 에어맥스가 만들어지는 미국 오리건주 포틀랜드의 구름과 안개에서 영감을 받아 독특한 비주얼로 완성됐다. 층마다 다양한 아티스트들의 시각으로 재해석한 작품 전시부터 다채로운 스니커즈 문화를 즐길 수 있도록 재미와 볼거리로 가득 채워져 있었다. 단순히 제품을 전시하고 판매하는 것을 뛰어넘어 공간 하나하나가 제품의 이야기가 잘 전달될 수 있는 콘텐츠로 촘촘하게 짜여 있어 첫 번째 제품 체험 형태보다 한 단계 더 진보했음을 알 수 있다. 세 번째 형태는 규모와 콘텐츠 빨로 승부하는 메가급 스토어. 2017년 오픈한 '아디다스 강남 브랜드 센터'는 아디다스의 모든 것을 보여준다고 해도 과언이 아니다. 4개 층으로 구성된 약 1,103㎡(약 333평) 규모의 매장 전체가 아디다스의 모든 컨셉과 제품, 그리고 다양한 각도로 브랜드를 경험할 수 있도록 기획됐다. 팝업 스토어와 비교하면 브랜드와 제품을 체험하는 기본 골자는 같지만 점점 더 콘텐츠 큐레이션 역할의 폭이 넓어졌을 뿐만 아니라 그 깊이도 깊어졌다.

이렇듯 경험 마케팅이 대세가 됐지만 그렇다고 모든 마케터들이 경험 마케팅으로 눈에 띄는 성과를 낼 수 있는 것은 아니다. 궁극적으로 탄탄한 콘텐츠가 굳건하게 중심을 잡고 서 있어야 한다. 이러한 강력한 콘텐츠 안에는 마케터의 남다른 취향이 묻어난 큐레이션이 녹아들어있다. 마케터만의 고민과 열정이 녹아 있는 색깔 없이는 소비자의 관심을 끄는 것은 물론이고, 시선과 마음을 사로잡기란 쉬운 일이 아니다. 특히 경험 마케팅은 타깃 소비자가 우리의 의도를 정확히 캐치하도록 콘텐츠를 얼마나 세심하게 설계하고 구현하는지가 관건이다. 즉, 세심함과 꼼꼼함이 필수 조건이다. 그리고 소비자의 시선이 머무는 곳에 마케터의 시선이 완전히 꽂혀 있어야 한다. 소비자의 변화를 귀신같이 감지하고, 그들의 마음이 진정으로 무엇을 원하고 어디를 향하고 있는지 알아야 한다. 그래야 변화의 방향에 민감하게 반응할 수 있다. 흔히 속력보다 방향이 중요하다고 하지만, 방향 못지않게 속력도 중요하다. 변화의 속력을 따라잡지 못하면 낙오될 수밖에 없다. 취향, 방향, 속력 이 세 가지 요소는 어렵지만 가장 기본이 된다는 사실을 잊지 말자.

curation 미술관, 박물관 등에 전시되는 작품을 기획하고 설명해주는 큐레이터에서 파생된 단어. 다른 사람이 만들어놓은 콘텐츠를 목적에 따라 분류하고 배포하는 일을 뜻한다.

여기서 한 가지 간과하지 말아야 할 점이 있다. 알맹이는 없고 껍데기만 있는 브랜드에게 경험 마케팅인들 그게 무슨 소용이 있을까? 세부적인 마케팅 전략을 수립하기 전에 제품의 퀄리티는 기본 중의 기본이다. 소비자들의 마음과 지갑을 열 제품도 준비되었다면 망설이지 말고 한 단계 앞으로 나아가자. 자, 이제 우리가 해야 할 일은 단 하나! 우리의 취향, 방향, 속력 3박자에 맞게 꼭 필요한 것들을 선별해서 소비자들의 구미에 딱 들어맞는 콘텐츠를 선보일 준비만 하면 된다. Are you ready?

성공의 공식은 없다,
오직 현재에 집중하라

    미국 노스이스턴 대학교 앨버트 라슬로 바라바시 교수는 한국경제신문과의 인터뷰를 통해 자신의 저서 《성공의 공식 포뮬러》에 대해 이렇게 설명했다. "성공을 다룬 책이 많습니다. 하지만 그간의 책들은 성공한 사람에게 초점을 맞추고 있습니다. 이는 '선택 편향'을 부를 우려가 있습니다. 예를 들어, 성공한 이들을 조사했더니 오전 6시에 기상한다는 것을 발견했다고 합시다. 그럼 우리는 섣부르게 성공의 핵심은 아침 일찍 일어나는 것으로 결론 내릴 수 있습니다. 하지만 우리 주변엔 오전 6시에 일어나는 수만 명의 성공하지 못한 사람들이 있습니다. 제대로 된 연구는 성공한 사람과 함께 성공하지 못한 사람도 분석해야 합니다. 지난 10년 가까이 우리는 수천 개 직업군의 수백만 명을 분석해 성공한 사람과 성공하지 못한 사람의 특성을 정량화했습니다. 이 책은 형편없는 실력을 가진 사람을 성공으로 이끄는 것은 아닙니다. 최고의 실력을 갖췄을 때 더 잘 성공할 수 있도록 도와주는 책입니다."

1994년에 나온 스티븐 코비의 《성공하는 사람들의 7가지 습관》 책은 국내에서만 지금까지 약 300만 부 이상이 팔렸다고 한다. 대한민국의 인구수가 5천만 명인 걸 감안하면 엄청나게 많이 팔린 셈이다. 학생이 있는 집이라면 이 책 한 권쯤은 가지고 있다고 봐도 무방하다. 그 당시 우리 집에도 똑같은 책이 2권이나 있었다. 아버지가 사주신 1권 그리고 아버지 친구분이 선물로 주신 1권. 세상 모든 부모는 자식이 성공한 인생을 살기를 희망한다. 또 기왕이면 보다 나은 경제적·사회적 지위에 오르기를 바란다. 아쉽게도 난 어린 시절부터 뭔가 특출나게 달랐다거나 그런 거 없이 그저 평범한 학생이었다. 그럼에도 불구하고 우리 아버지도 자식에 대한 막연한 기대와 함께 이 책을 읽고 나서 나 스스로 성공한 사람이 되겠다는 굳은 신념이 싹트길 바라셨을 것이다.

　그렇다면 세계적인 기업들은 어떨까. 미래의 성공을 보장하는 성공 공식을 가지고 있을까. 내가 근무했던 외국계 회사들의 경우 안팎에서 일어나는 경쟁사의 움직임에 대해 끊임없이 예의주시한다. 그러나 중요한 건 경쟁사의 움직임에 대해 어떻게 대응할지를 결정하는 일이 전략적 의사결정의 핵심은 아니었다. 즉, 경쟁사가 우리의 판단 기준과 전략의 틀까지 움직이는 건 아니라는 뜻이다. 다만 전략의 큰 틀 하에서 바로 우리 코앞에 닥친 상황에 대한 발 빠른 대응 방안이 필요한 경우가 있다. 그때 빠른 속도로 실행하는 게 관건인 '퀵 액션 플랜'을 가동시켜야 한다. 처음 예상과 달리 시장 반응이 다소 느리게 나타나는 제품의 경우 최대한 이른 시일 내에 실행할 수 있는 계획 수립이 필요하다. 항목도 매우 간단하다. 확실한 목표와 목표 달성을 위한 정확한 대책이 있으면 된다.

첫째, 목적	목적이 분명해야 한다.
둘째, 단계별 가이드	단계마다 무엇을 해야 할지에 대한 순차적인 방향성을 제공한다.
마지막, 승리 / 성과	어떤 성과를 창출할지 분명하게 명시한다.

최적의 대안을 도출하고, 세부 실행 계획도 세우고… 다 좋다. 그러나 이때 필요한 단어는 딱 두 가지이다. 아삽^{ASAP}과 팔로우업. 아삽은 말 그대로 '가능한 한 빨리^{as soon as possible}'라는 뜻이다. 긴급하게 처리해야 하는 업무가 있을 경우 사용되는 단어로 일단 스피드가 생명이다. 그리고 팔로우업은 후속 작업을 말한다. 즉, 해당 프로젝트 담당자는 관련 업무를 지속적으로 확인해서 끝까지 매듭을 지어야 한다는 것이다.

일하다 보면 때로는 과거의 성공 경험이 현재에서도 재연될 거라는 확신이 들 때가 있다. 바로 이때 내 확신이 틀렸을 수도 있다는 경계가 필요하다. 자기가 진실이라고 믿는 어떤 것이 진실이 아닐 수도 있다. 그래서 과거의 영광에 고립되는 것은 위험하다. 우리가

quick action plan 기존 속도보다 빠른 실행 계획을 말한다.

흔히 말하는 과거는 과거일 뿐, 지나간 일에 얽매일 필요가 없다. 우리는 점점 정보에 압도되는 삶을 살고 있다. 더 많은 정보는 더 많은 의문이 생기게 한다. 이로 인해 전략적 의사결정을 하는 데 더더욱 공을 들일 수밖에 없다. 왜냐하면 한 발이라도 삐끗 잘못 내디디면 끝없이 추락할 것만 같기 때문이다. 우리네 직장인은 새해가 밝을 때마다 불투명한 미래를 걱정한다. 이러한 걱정과 염려가 절대 헛되거나 무의미한 건 아니다. 다만 오늘을 사는 우리가 기억해야 할 것은 뜨거운 가슴은 바로 지금 이 순간 뛰고 있다는 사실이다. 그래서 우린 현재에 집중할 필요가 있다. 오직 현재만이 우리의 미래를 결정할 수 있다.

지금껏 나만 몰랐던 마케팅 기술

나만의 기준과 관점은
목에 칼이 들어와도 유지한다

내가 가장 좋아하는 책 중 하나인 《타이탄의 도구들》에 이런 일화가 나온다. 릭 루빈은 MTV에서 지난 20년 동안 최고의 프로듀서로 평가를 받는 크리에이티브 디렉터다. 그의 말에 따르면 가장 훌륭한 걸작에 대한 반응은 '모 아니면 도'로 호불호가 극명하게 갈린다고 한다. 예를 들어, 어떤 가수가 앨범을 발표했을 때 이에 대해 열광적인 반응을 보이는 사람들과 반대로 너무 싫어하는 사람들로 평이 극명하게 갈린다면 그건 큰 성공을 거둘 수 있다는 징조로 판단한다. 그는 이것을 한 명의 아티스트가 자신이 보여줄 수 있는 모든 것을 인간의 한계점까지 밀어붙였다는 뜻으로 해석한다. 유행을 따르는 음악은 일정 수준의 성공은 거둘 수 있지만 오래 가지는 못한다. 대중의 입맛은 시시각각 변하기 때문이다. 큰 성공을 거두려면 '변하지 않

뮤직 비디오 전문 채널로 시작하여 리얼리티 쇼, 패션, 뷰티, 디자인, 영화, 애니메이션 등의 전문 채널로 확대된 방송 네트워크와 멀티미디어 브랜드. 비아컴(Viacom International Inc.)이 소유하고 있으며 본사는 미국의 뉴욕에 있다.

는 입맛'을 찾아야 한다. 너무 맵다고 불평하는 사람들을 위해 물을 타는 것 대신 매운맛에 열광하는 사람들에게 어필해야 한다. 모두가 '뭐, 나쁘지 않군요…' 하는 것보다 '아, 너무 좋아요!'하는 사람들과 '이건 쓰레기네!'라고 하는 사람들이 서로 뜨거운 논쟁을 벌일 수 있어야 그것이야말로 최고의 히트작이라고 말했다.

마케팅 캠페인을 기획할 때마다 '과연 사람들이 좋아할까?' 수백 번 고민하기를 반복한다. 혹자는 말한다. 마케터로서 진정성을 가지고 소신껏 이거다 싶은 걸 제시하면 되는 거 아니냐고. 그러나 그게 말처럼 쉽지 않다. 소비자의 공감을 얻기 전에 유관 부서의 공감을 끌어내는 것부터가 만만치 않다. 호의적인 사람들이 있는 반면, 한번 해보라는 식으로 팔짱을 끼고 앞에 서 있는 사람들도 많다. 어떻게 보면 본질은 이런 캠페인을 했을 때 소비자들이 좋아할까 아닐까 하는 심플한 문제다. 그렇지만 이러쿵저러쿵 저마다 한마디씩 하는 사람들은 있기 마련이다. 사공이 많으면 배가 산으로 가지 않나. 수많은 이해관계자 때문에 논의할수록 깊은 수렁에 빠져들기도 한다. 바로 이때 마케터로서 가지고 있는 '기준과 관점'이 빛을 발해야 할 타이밍이다. 이 기준과 관점은 수학 공식처럼 딱 떨어지는 것은 아니다. 분명한 건 스스로에게 질문을 함으로써 자칫 주관적인 편견의 늪에 빠질 수 있는 문제를 사전에 먼저 점검해 볼 수 있다. 자, 이제 몇 가지 질문을 던져보자.

첫 번째, 궁극적인 목적이 단기 매출 증대인가, 장기적 브랜드 구축인가

두 번째, 타깃 소비자의 가치에 부합하는 콘텐츠인가

세 번째, 그들이 많이 접하는 미디어인가

끝으로, 냉정한 자기 평가 – '내가 봐도 괜찮은가'

일단 첫 번째 질문을 두고 마케터라면 두 가지 조건을 모두 충족시킬 수 있는 계획을 짜는 게 당연한 거 아니냐고 반문할 수도 있다. 하지만 누구나 완벽함을 꿈꾸지만, 현실은 녹록치 않다. 토끼 둘을 잡으려다가 하나도 못 잡을 수 있다. 어디에 더 큰 비중을 둘 것인지 캠페인에 대한 무게중심을 결정해야 한다. 요즘같이 어려운 시기일수록 마케터는 실질적인 성과를 입증해야 한다. 즉, 측정할 수 있는 정량적 수치값이 필요하다. 두 번째는 기획한 콘텐츠가 소비자 가치에 부합하는지 여부를 확인해야 한다. 이는 다른 말로 하면 소비자가 공감할 수 있는 가치여야 한다는 뜻이다. 소비자가 무엇을 원하는지 제대로 파악하지 못하면, 소비자들을 확 끌어당기는 것 자체가 불가능하다. 예나 지금이나 통용되는 진리는 존재한다. 콘텐츠는 브랜드에 영향을 미치는 가장 강력한 요소다. 콘텐츠는 과거에도 중요했고 지금은 더 중요하다. 세 번째는 타깃 소비자의 미디어 이용 행태를 파악해야 한다. 소비자는 미디어 진화의 중심에 서 있다. 예전에는 궁금한 게 있으면 네이버를 검색했다. 그러나 요즘은 유튜브 등 온라인 동영상 플랫폼을 검색한다. 자신이 원하는 정보를 찾기 위해 우선 검색 엔진을 이용한다는 것도 이젠 옛말이 됐다. 그래서 소비자가 현

재 어떤 생각을 가지고 있고, 어떻게 행동하는지 그리고 그들 주변에 어떤 변화가 일어나고 있는지 꼼꼼하게 살펴봐야 한다. 이제 마지막 단계가 남았다. 냉정한 자기 평가가 필요하다. 이건 말처럼 결코 쉬운 일이 아니다. '공정한 관찰자' 하나쯤 가슴에 품고 살아야 한다. 애덤 스미스에 따르면, 이 공정한 관찰자가 있어야만 자기중심적인 태도에서 벗어나 상대방의 입장에서 생각할 수 있다. 즉, 객관적으로 판단할 수 있는 잣대를 적용해야 한다.

나에게 맞는 객관적 기준을 찾아라

2016년 천만 관객을 불러 모은 《부산행》 연상호 감독 인터뷰를 본 적이 있다. 2011년 《돼지의 왕》과 2013년 《사이비》 때까지만 해도 그는 독립 애니메이션 작가였다. 연상호 감독이 2008년 한국콘텐츠진흥원 심사에서 '마케팅적 요소가 다소 부족하다고 사료됨'이라는 이유로 탈락한 일화는 지금도 영화계에서 자주 회자된다. 블록버스터 영화감독으로 반전의 계기가 된 작품은 《부산행》이었다. 독립 애니메이션에서 출발한 그가 주류 영화감독으로 부상하자, 영화계 안팎에서는 기대 반 우려 반의 시선이 적지 않았다. 그는 "실은 부산행을 촬영할 때까지도 이 영화만 끝내고 독립 애니메이션으로 돌아갈 생각이었다. 어쩌다 보니 블록버스터 상업 영화를 하게 됐지만 원래 나는 메이저라기보다 마이너인 사람이다."라고 말했다. 사람들은 그를 두고 사람들을 열광시키는 히트작 제조기라고 평가하지만, 스스로는 그의 취향은 그저 마이너할 뿐이라고 말한다. 그러나 연 감독의 예시에서 볼 수 있듯 마이너한 취향 역시 주류 즉, 메이저가 될 수 있다.

마케터는 타깃 소비자 취향을 잘 파악해 성공적인 '취향 저격 마케팅' 즉, '핀셋 마케팅'이 주효했다는 평가를 받고 싶어 한다. 근데 문제는 이런저런 취향에 맞추다 보면 비슷비슷한 결과물만 만들어지는 데 있다. 어차피 마케터는 점쟁이가 아니다. 여러 가지 중요한 것이 많이 있겠지만 가장 중요한 것은 스스로에 대한 자신감이다. 일단 결정한 사항에 대해서는 다른 사람에게 지나치게 의존해서는 안 된다. 다른 사람에게 의존하려고만 하면 결국 남의 장단에 춤을 추게 된다. 조금은 부족하고 못 미덥더라도 나를 믿는 용기가 필요하다. 나 자신도 믿지 않는데 누가 나를 믿어주겠는가? 기준과 관점은 내가 만드는 것이다. 분명 그 기준과 관점에 '그래! 바로 이거야! 이게 바로 내가 찾던 거야!'라며 열광하는 소비자들이 있다.

대세를 이루는 큰 흐름.

핀셋으로 꼭 집어내는 것처럼 타깃을 세분함으로써 특정 소비자층만을 공략하는 마케팅 기법.

나이로 세대를 구분 짓지 않는다,
깨어있는 마인드가 강한 에너지가 된다

소비 트렌드를 이끄는 세대의 축은 항상 움직여왔다. 지금의 소비 트렌드는 MZ세대(밀레니얼+Z세대)가 주도하고 있다. 수많은 세대 중에서 MZ세대가 이토록 주목받는 이유는 뭘까? 다양한 매체에서 그들은 기존 세대와는 완전히 다르다고 말한다. 이들은 소셜 미디어로 만천하와 소통하지만, 흔해빠진 트렌드가 아니라, 자신의 소유와 경험, 가치를 중요시한다. 내가 살아가는 태도와 내가 선택하는 제품의 가치가 서로 부합해야 한다는 것이다. 즉, 단순히 제품을 사는 것이 아니라 브랜드의 가치관과 제품의 창의성을 산다고 볼 수 있다.

일반적으로 사람의 나이는 주민등록상의 나이로 분류된다. 해가 바뀌면 누구나 한 살을 더 먹는다. 그러나 몸과 마음의 노화 속도는 개인차가 있다. 한창 운동 열풍이 불었을 때 민증 나이보다 몸의 노화 정도를 나타내는 신체 나이 가 중요하다고 언론에서 지겹게 떠들어댔다. 요즘은 신체 나이는 물론이고 '마인드 에이지'가 무엇보다 중요하다고 말한다. 마인드 에이지란 말 그대로 내가 느끼는 마음의 나이다.

굳이 민증 나이로 세대를 구분 짓는 게 의미가 있을까? 취업포털 사람인이 직장인 1,945명을 대상으로 조사한 결과 75%가 "직장 내 2030 젊은 꼰대가 있다."라고 답했다고 한다. 이른바 젊은 꼰대 유형으로는 자신의 경험이 전부인 양 충고하며 가르치려는 유형 57%, 자유롭게 의견을 내라더니 결국 본인의 답을 강요하는 답정너 유형 41%, 선배가 시키면 해야 한다는 식의 상명하복을 강요하는 유형 40% 등의 응답이 뒤따랐다. 젊은 꼰대는 나이가 별로 차이나지 않는 상황에서도 서열을 정해 자신이 윗사람임을 정확히 하고자 하는 심리에서 나온다고 한다. 하지만 이들을 한 마디로 요약하면 마음의 문을 굳게 닫아버린 사람이다. 이런 관점에서 보면 출생년도에 따라 구세대와 신세대로 가르는 것은 큰 의미가 없다고 생각된다.

요즘 나이를 초월해 자신의 스타일을 추구하는 에이지리스 소비층이 다시 각광받고 있다. 즉, 연령대별 경계가 허물어지고 있다. 몇 년 전만 해도 에이지리스 그룹을 일컬어 젊게 보이려고 용쓰는 사람

주민등록상의 나이가 아닌 전반적인 건강 상태와 노화 정도를 객관적인 지표로 나타낸 것을 의미한다.
'답은 정해져 있고, 너는 대답만 하면 돼.'의 줄임말.
시간을 초월한, 불로의, 영원한, 나이를 먹지 않는.

들이라고 폄하하기도 했다. 그러나 지금의 에이지리스 그룹은 좀 더 깊이 있게 진화되었다. 단순히 외모뿐만 아니라, 마인드 자체가 다르다. 이들을 보면 '나이는 숫자에 불과하다.'는 말이 절로 나온다. 진부한 표현이지만 이들 만큼은 이 말이 딱 들어맞는 것 같다.

2021년 2월 문을 연 현대백화점 그룹의 야심작, 더 현대 서울은 요즘 가장 핫하다. 기존 백화점의 틀을 완전히 깼다는 평가를 받으며 큰 주목을 받고 있다. 기존 백화점이 여성 패션, 남성 패션 등 성별에 따라 층을 나누는데 반해, 더 현대 서울은 '편집형 백화점' 형태를 띠고 있다. 이는 요즘 사람들이 성별과 나이에 맞춰 쇼핑하지 않는 것에 착안해, 사람들의 취향에 따라 혼합된 구성과 배치를 했다는 것이 가장 눈에 띄는 특징이다. 예를 들어, 2층엔 '모던 무드'라는 타이틀 아래 남녀 패션이 같이 있고, 3층엔 패션과 리빙, 액세서리 등 다른 카테고리를 섞어 배치했다. 쇼핑 공간을 개인 간의 차이를 존중하지 않는 나이나 젠더 프레임 안에 가두지 않았다. 다소 보수적인 성향을 보이는 유통 산업에서 그야말로 파격적인 행보라 할 수 있다.

나이는 우리가 살아온 '인생의 길이'일 뿐이다

마케터라는 직업 자체가 나이에 관해 유난히 민감하다. 나이라는 틀에 갇혀 자신의 마음을 닫아버리거나 움츠러들기도 한다. 나도 나이가 들어간다는 것이 좋으면서도 두렵다. 양가적 감정이다. 천둥벌거숭이 같았던 20대보다 이제 조금은 무언가 알 것 같은 40대가 좋다. 하지만 나이 듦의 무게를 느끼며 나잇값을 해야 한다는 압박감이 있다. 또한 세월을 정통으로 맞은 눈가 주름과 푹 패인 팔자 주름도 여전히 두려운 존재다. 이제 몇 년 후면 20년 차 마케터가 된다. '제대로 하는 것 맞아?' 문득 이런 의심이 들기도 한다. 쌓인 내공에 비례해 괜히 후배들 만나면 잔소리가 부쩍 많아지는 것은 아닌지 걱정이 되기도 한다. 잔소리하는 직장 상사가 가장 최악인데 말이다.

 나이가 한 살, 두 살 들어가면서 마케팅이 좋아하는 일이어서 다행이라는 생각이 들지만 가장 잘하는 일이 맞는가에 대한 의문이 있다. 좋아하는 것과 잘하는 것이 일치하면 좋겠지만 그렇지 않은 경우도 많기 때문이다. 확실히 나는 타고난 동물적인 마케팅 감각이 있는 천재형이라기보다 노력형이다. 하지만 노력형 인간이라고 해서 너무 실망할 필요는 없다고 생각한다. 마케터는 사람들이 제품을 사야할 이유를 만들어 주는 사람이다. 사야할 이유에는 감각과 논리 두 가지가 찰떡같이 녹아있어야 한다. 감각과 논리 어느 한 가지만으로는 사람들의 지갑을 열 수 없다. 감각과 논리로 중무장한 메시지로 사람들을 설득해야 한다. 감각이 타고난 것이라면 논리는 길러지는 것이다. 이것은 누구나 노력하면 꽤 괜찮은 마케터가 될 수 있다는 의미이기도 하다. 그러니 뭔가 부족하다고 너무 슬퍼하거나 노여워할 필요 없다.

 그렇다면 마케터의 화양연화 는 언제일까? 모든 것이 새로운 20대, 수많은 시행착오를 겪은 30대, 아니면 일의 기쁨과 슬픔을 모두

인생에서 가장 아름다운 순간.

아는 40대? 사람에 따라 다르겠지만 아쉽게도 나의 전성기는 아직 찾아오지 않았다. 하지만 '내일이 더 기대되는 마케터'라는 이름으로 살아가고 있다. 분명한 것은 마케터의 반짝 빛나는 전성기도 노력하지 않으면 결코 오래가지 못한다. 오래 살아남으려면 각고의 노력을 기울여야 한다. 이런 최악의 상황을 상상해 보면 어떨까? 요즘엔 힙한 것 아니면 살아남기 힘든 느낌이다. 나는 힙한 것에 관심이 하나도 없는데 타깃 소비자가 힙한 것만 찾아다닌다면 어떻게 해야 할까? 이렇게 마케터가 추구하는 가치가 소비자의 가치와 일치하지 않을 경우 단순히 돈벌이를 목적으로 소비자를 이해하는 척 해야 할까? 이것만은 명심 또 명심 하자. 영혼 없는 메시지는 개도 알아챈다. 무엇이든 진심이 닿아야 한다. 20대가 아니라고 해서 20대를 이해하지 못하는 것은 아니다. 말랑말랑하고 열려있는 사고는 나이의 틀에 자신을 가두지 않는다. 이제 민증 나이로 세대를 구분 짓는 게 의미 없어지고 있다. 한층 더 깨어있는 마인드로 세상을 바라볼 필요가 있다. 전에는 보이지 않던 것들이 보이기 시작하며, 느껴지지 않던 것들이 느껴지기 시작할 것이다.

절대 지루해지지 않는
마케터가 되는 법

비하인드 에피소드

19세기 프랑스 낭만주의를 대표하는 시인이자 소설가, 극작가인 빅토르 위고는 다음과 같이 말했다. "지옥 같은 고통보다 약간 더 끔찍한 일이 있다. 바로 지옥 같은 지루함이다." 나도 30대까지만 해도 지루함을 견디지 못했다. 지루한 삶은 왠지 게으르게 사는 것 같았고, 때로는 인생을 허비하는 것이라고 생각하면서 살았다. 바쁘게 살아야만 경쟁에서 살아남을 수 있다고 착각한 것이다. 인생에서 처음으로 쉼표를 찍을 수 있었던 갭이어를 가지면서 이 생각이 얼마나 무지하고 어리석었는지 깨닫는 데는 그리 오랜 시간이 걸리지 않았다.

우리의 인생을 차분히 들여다보면 바쁘게 산다고 해서 삶의 가치가 더 의미 있고, 덜 바쁘게 산다고 해서 가치가 덜 한 것은 아니다. 나는 왜 그걸 미처 몰랐던 건지. 굳이 변명거리를 찾자면 마음의 여유가 하나도 없었다. 주어진 역할에 충실 하느라 내일을 생각할 틈이 없었다. 내가 무엇을 더 잘 할 수 있는 지, 무엇을 더 해보고 싶은지 스스로에게 단 한 번도 물어보지 않았다. 원래 반성은 하되 후회는 하지 말자는 게 내 삶의 모토지만 그 점은 조금 후회가 된다.

마케터는 신제품 출시나 새로운 캠페인을 준비할 때면 언제나 시간에 쫓겨 허덕이게 된다. 누구에게나 똑같이 주어진 시간인데 24시간이 모자라 게 느껴진다. 돌이켜 보면 나의 30대는 야근으로 점철되어 있었다. 그래서일까, 도피성 여행을 자주 떠났다. 며칠 씩 틈만 나면 비행기 티켓을 끊었고 한국을 떠났다. 그때는 몰랐는데 지금 생각해 보면 퇴사할 용기가 없었던 것 같다. 통장에 꽂히는 월급과 함께 회사라는 안정적인 틀 안에 갇혀 사는 인생이었다. 항상 친구들을 만나면 피곤해 보인다는 말을 가장 많이 들었던 것 같다. 그리고 연애도 재밌지 않았다. 여하튼 원 없이 많은 사람을 만나며 누구보다 열심히 일했기 때문에 여한은 없다. 매 순간 최선의 노력을 다했다고 감히 자부해본다. 무엇보다 다행인 점은 치열했던 그때보다 40대가 된 지금 마케팅 일이 더 좋아졌다. 애증으로 사랑이 더 깊어진 건가 싶기도 하다. 어쩌면 이 책을 쓰는 이유이자 목적이 과거의 실수를 두 번 다시 반복하고 싶지 않아서이기도 하고, 내가 했던 실수와 실패가 어느 마케터에게 그리고 어느 직장인에게 작은 도움이 될 수 있길 바라서이다.

지금껏 나만 몰랐던 마케팅 기술

중국 명나라의 홍자성이 저술한 《채근담》에 이런 구절이 있다. '사람이 한가하다고 해서 가만히 있어서는 안 되며 한가한 때일수록 장차 급한 일에 대한 준비를 해 두는 것이 좋고, 사람이 아무리 바쁠 때일지라도 여유 있는 일면을 지니는 것이 필요하다.' 이는 삶에 대한 완급 조절과 더불어 어떤 상황에서도 자신을 돌아볼 시간이 필요하다는 걸 이야기해 준다. 스스로를 더 가치 있게 만들고, 내가 하는 일을 어떻게 더 의미 있게 만들 수 있는가에 대한 열쇠는 내가 쥐고 있다. 여기서 무엇보다 중요한 것은 나를 위한 시간을 가질 때 내 소중한 멘탈이 부서져 버리지 않게 보듬어 주고 어떻게 관리하느냐이다. 멘탈은 마케터 경쟁력의 핵심이자 최고의 무기다. 어떤 분야든 마찬가지일지도 모르겠다. 내가 이 분야에 몸담고 있어서겠지만 특히나 마케터 세계만큼 가만히 있으면 가마니로 본다는 말을 실감케 하는 곳이 또 있을까 싶다. 누군가에게 머리채를 잡힌 채 내 몸과 마음이 흔들리게 해서는 안 된다. 다시없을 내 인생 아니던가.

우리는 점수로 사람을 나누고 등급을 매기는 세상 속에서 살고 있다. 내가 어떤 사람인지 사람의 됨됨이보다는 어딜 가나 숫자로 매겨지는 결과를 토대로 평가받아 왔다. 학교를 졸업하고 직장 생활을 하면서도 마찬가지였다. 실상은 정글과 같은데 어느 순간 '과정이 결과보다 더 중요하다'는 명언이 우리를 혼란스럽게 만들 뿐이다. 후배가 나에게 '결과와 과정, 과연 어떤 것이 중요할까요?'라는 질문을 던진다면 나는 회사에서는 둘 다 중요하다고 답할 것이다. 그리고 구체적인 비율로 따지자면 6:4 또는 7:3 정도로 결과에 좀 더 비중을 두고 싶다고 부연 설명을 하겠지. 내가 회사 내 다른 부서를 경험해보지 않았기 때문에 좀 더 폭넓은 시각이 부족할 수도 있다. 하지만 마케터로 살아가고 있다면 결과가 너무나도 중요하다. 직장 생활을 하다 보면 별의별 인간들과 뜻밖의 상황을 마주하게 된다. 나도 영문도 모른 채 뒤통수를 얻어맞은 적도 있고, 뭐 이런 어이없는 경우가 다 있나 싶은 일도 종종 당해봤다. 결과가 좋지 않다고 무방비 상태로 욕을 먹기도 하고, 프로젝트 실패에 대한 책임을 혼자서 독박을 쓰기도 했다. 그렇다고 해서 누군가를 원망하면서 시간을 보내기엔 정말 너무 소중한 내 인생이다. 마인드고 나발이고 다 때려 치고 싶은 어떤 하루. 퇴근길에 하늘을 바라보고 쌍욕을 날리자. 그리고 하루하루를 리셋해 나가는 거다. 알면 알수록 점점 재미있는 마케팅. 미처 그 재미를 알기도 전에 신발 속의 모래알과 같은 주변인들 때문에 포기할 수는 없지 않나. 한 가지 분명하게 말할 수 있다. 마케터로 살아가는 게 생각보다 꽤 괜찮다.

지금껏 나만 몰랐던 마케팅 기술

글로벌 톱 브랜드 마케터의 송곳 같은 마케팅 치트키

초판 1쇄 2021년 07월 28일
초판 2쇄 2021년 08월 23일

지은이   이혜진
기획   엔터스코리아 (책쓰기 브랜딩스쿨)
펴낸곳   읽고싶은책 (제2020-000044호)
펴낸이   오세웅
편집   권윤주
디자인   다이브디자인
일러스트   이동희

주소   서울시 관악구 신림로340 르네상스복합쇼핑몰 7층 707-4호
이메일   modubig@naver.com
홈페이지   https://modubig.modoo.at/

※ 누구나 읽고 싶어하는 책을 만드는 도서출판 읽고싶은책
※ 도서출판 읽고싶은책과 함께 할 작가님을 모십니다.
  이메일로 원고 접수받아 검토 후 연락드립니다.

책값은 뒤표지에 표기되어 있습니다.
ISBN   979-11-971209-9-2   13320